管理科学与工程丛书 　◉主编:葛新权

管理科学与工程丛书

主编：葛新权

# 基于模糊集距离的
# 质量控制图设计

## Design on Quality Control Chart
## Based on Fuzzy Set Distance

白 莹/著

社会科学文献出版社
SOCIAL SCIENCES ACADEMIC PRESS (CHINA)

# 总　序

　　基于 2003 年北京机械工业学院管理科学与工程硕士授权学科被批准为北京市重点建设学科，我们策划出版了这套丛书。

　　2004 年 8 月，北京机械工业学院与北京信息工程学院合并筹建北京信息科技大学。

　　北京机械工业学院工商管理分院于 2004 年建立了知识管理实验室，2005 年建立了北京地区第一个实验经济学实验室，2005 年 8 月召开了我国第一次实验经济学学术会议，2005 年 12 月获得 2005 年度北京市科学技术奖二等奖一项，2006 年 4 月获得北京市第九届人文社科优秀成果二等奖两项。2006 年 5 月，知识管理实验室被批准为北京市教委人才强校计划学术创新团队；2006 年 10 月，被批准为北京市哲学社会科学研究基地——北京知识管理研究基地。

　　2006 年 12 月，北京机械工业学院工商管理分院与北京信息工程学院工商管理系、经济贸易系经贸教研室合并成立北京信息科技大学经济管理学院。2008 年 3 月，企业管理硕士授权学科被批准为北京市重点建设学科。

　　2008 年 4 月，教育部正式批准成立北京信息科技大学。

　　经济管理学院是北京信息科技大学最大的学院。2007

年 10 月经过学科专业调整（信息系统与信息管理学士授权专业调出）后，经济管理学院拥有管理科学与工程、企业管理、技术经济及管理、国民经济学、数量经济学 5 个硕士授权学科，拥有工业工程专业硕士授予权，拥有会计学、财务管理、市场营销、工商管理、人力资源管理、经济学 6 个学士授权专业，设有注册会计师、证券与投资、商务管理、国际贸易 4 个专门化方向。

经济管理学院下设会计系、财务与投资系、企业管理系、营销管理系、经济与贸易系 5 个系，拥有实验实习中心，包括会计、财务与投资、企业管理、营销管理、经济与贸易、知识管理、实验经济学 7 个实验室。现有教授 12 人、副教授 37 人，具有博士学位的教师占 23%，具有硕士学位的教师占 70%。在教师中，有博士生导师、跨世纪学科带头人、政府津贴获得者，有北京市教委人才强校计划学术创新拔尖人才、北京市教委人才强校计划学术创新团队带头人、北京市哲学社会科学研究基地首席专家、北京市重点学科带头人、北京市科技创新标兵、北京市青年科技新星、证券投资专家，有北京市政府顾问、国家注册审核员、国家注册会计师、大型企业独立董事，还有一级学术组织常务理事，他们分别在计量经济、实验经济学、知识管理、科技管理、证券投资、项目管理、质量管理和财务会计教学与研究领域颇有建树，享有较高的知名度。

经济管理学院成立了知识管理研究所、实验经济学研究中心、顾客满意度测评研究中心、科技政策与管理研究中心、食品工程项目管理研究中心、经济发展研究中心、国际贸易研究中心、信息与职业工程研究所、金融研究所、知识工程研究所、企业战略管理研究所。

近三年来，在提高教学质量的同时，在科学研究方面也取得了丰硕的成果。完成了国家"十五"科技攻关项目、国家科技支撑计划项目、国家软科学项目等 8 项国家级项目和 12 项省部级项目，荣获 5 项省部级奖，获得软件著作权 24 项，出版专著 16 部，出版译著 2 本，出版教材 10 本，发表论文 160 余篇。这些成果直接或间接地为政府部门以及企业服务，特别地服务于北京社会发展与经济建设，为管理科学与工程学科的建设与发展打下了坚实的基础，促进了企业管理学科建设，形成了基于知识管理平台的科技管理特色，也形成了稳定的研究团队和知识管理、科技管理、知识工程与项目管理 3 个学术研究方向。

在北京市教育委员会科学技术与研究生建设项目、北京市重点建设学科管理科学与工程建设项目资助下，把我们的建设成果结集出版，形成了这套"管理科学与工程"丛书。

管理科学与工程学科发展日新月异，我们取得的成果不过是冰山一角，也不过是一家之言，难免有不当甚至错误之处，敬请批评指正。这也是我们出版本丛书的一个初衷，抛砖引玉，让我们共同努力，提高我国管理科学与工程学科研究的学术水平。

在北京市教育委员会与北京信息科技大学的大力支持与领导下，依靠学术团队，我们有信心为管理科学与工程学科建设、科学研究、人才培养与队伍建设、学术交流、平台建设与社会服务做出更大的贡献。

主编　葛新权

2008 年 4 月于北京育新花园

# 摘　　要

　　本书以模糊控制图的设计为研究目标。首先，本书提出以模糊集距离对产品的模糊质量属性进行描述，运用 Beta 分布对模糊集距离指标进行拟合；对服从该分布的随机变量的数字特征进行分析，给出该分布参数的估计，对分布参数估计量的统计性质进行较深入的探讨。其次，本书引入修正的田口质量损失函数，对该分布下的产品质量水平进行定量描述；以上述工作为基础，给出模糊质量控制图的设计方案，建立基于 Beta 分布的模糊控制图；给出过程能力指数的表达式，讨论了该过程能力指数的性质，并进行过程能力优化分析。最后，本书采用实际生产数据进行案例分析，对模糊控制图的适用性进行了验证。

# Abstract

Design on fuzzy quality control chart is the research target in this book. First of all, this book presents the fuzzy set distance to describe the fuzzy quality attributes of the product, and uses Beta distribution to fit the fuzzy set distance index. Beta distribution is proper for the description of this variation. Namerical characterisctics of Beta distribution are analyzed and estimation methods for the parameters of Beta distribution are introduced.

Secondly, an extended quality loss function is introduced to characterize varied quality level of the distribution. Based on the above work, this book gives the design of fuzzy quality control chart and build the chart based on Beta distribution and gives expression of process capability index, as well as analyzes the process capability optimization. Finally, a numerical example is given to illustrate the performation of the fuzzy control chart.

# 目 录

前　言／1

第一章　质量与质量控制／1

　第一节　质量概念的演变／1

　第二节　质量与质量管理／4

　第三节　工序质量控制的理论与方法／20

　第四节　质量控制的基本方法及工具／37

　第五节　质量管理与质量控制的基础工作／54

　第六节　质量管理与质量控制的观念／58

　第七节　本章小结／60

第二章　控制图原理与模糊质量控制／61

　第一节　统计过程控制／61

　第二节　统计控制过程及其异常／62

　第三节　控制图基本理论／65

　第四节　常规控制图的设计思想／73

　第五节　过程能力及过程能力指数／87

第六节　控制图的类型及应用 / 94

第七节　模糊质量控制理论 / 98

第八节　本章小结 / 121


第三章　用于拟合模糊集距离指标的随机变量分布的
　　　　统计特性 / 122

第一节　Beta 分布的分布曲线特性分析 / 123

第二节　Beta 分布随机变量的数字特征 / 125

第三节　Beta 分布参数的估计 / 129

第四节　本章小结 / 141


第四章　基于模糊集距离指标的产品模糊质量
　　　　特性评价 / 143

第一节　基于非对称偏差的产品价值函数及产品
　　　　质量描述 / 143

第二节　模糊集距离指标服从 Beta 分布下的产品
　　　　质量水平及其测度 / 147

第三节　质量价值函数的进一步扩展 / 153

第四节　本章小结 / 157


第五章　基于 Beta 分布的模糊集距离指标控
　　　　制图的设计 / 159

第一节　基于 Beta 分布的模糊质量控制图 / 159

第二节　基于 Beta 分布的模糊控制图的控制
　　　　效果分析 / 163

第三节　控制图的控制程序／169

第四节　本章小结／170


第六章　模糊集距离指标的过程能力指数研究／172

第一节　基于 Beta 分布的模糊集距离指标的过程

能力指数／172

第二节　过程能力优化分析／178

第三节　过程能力指数的相关估计量及其统计特性

模拟分析／183

第四节　本章小结／189


第七章　基于模糊集距离指标的模糊质量

控制图的应用／191

第一节　均匀分布下的 $\bar{X} - S$ 模糊控制图／194

第二节　基于 Beta 分布假设的模糊控制图／199

第三节　本章小结／204


参考文献／206


附录一　运用 Matlab 计算程序／218


附录二　参数 a 和 b 的矩估计／220


附录三　参数 a 和 b 的基于顺序统计量的

极大似然估计／222

附录四　参数 a 和 b 的基于均匀设计抽样的
　　　　极大似然估计 / 227

附录五　产品质量最优化下的参数 a 和 b 的数值解 / 232

附录六　基于扩展模型的产品质量最优化下的
　　　　参数 a 和 b 的数值解 / 235

附录七　$P$ $(\tilde{\mu} \leqslant c, \tilde{\sigma} \leqslant d)$、$P$ $(\tilde{\mu} \leqslant c)$ 和 $P$ $(\tilde{\sigma} \leqslant d)$ 的
　　　　取值计算程序 / 238

附录八　平均链长的计算程序 / 240

附录九　统计量 $\hat{\xi}_{0.99865}$、$\hat{C}'_P$、$\hat{C}'_{PU}$ 和 $\hat{C}'_{PK}$ 的频数
　　　　直方图生成程序 / 244

附录十　Beta 分布假设下均值和标准差的
　　　　最小二乘估计 / 249

# Contents

Preface / 1

Chapter 1    Quality and Quality Control / 1
   Section 1    Conceptual Evolution of Quality / 1
   Section 2    Quality and Quality Management / 4
   Section 3    Control Theory and Methodology of
                    Process Quality / 20
   Section 4    Quality Control Tools and Methods / 37
   Section 5    Fundamental Work of Quality Management
                    and Control / 54
   Section 6    Concept of Quality Management and Control / 58
   Section 7    Summary / 60

Chapter 2    Control Chart Theory and Fuzzy Quality Control / 61
   Section 1    Statistical Process Control / 61
   Section 2    Statistical Process Control and Anomalty / 62
   Section 3    Theory of Quality Control Chart / 65

Section 4    Design Ideas of Shewhart Control Charts / 73

Section 5    Process Capability and Process
             Capability Index / 87

Section 6    Types and Application of Quality Control
             Charts / 94

Section 7    Theory of Fuzzy Quality Control Chart / 98

Section 8    Summary / 121


Chapter 3    Statistical Properties of Random Variable
             of Fitting Fuzzy Set Distance / 122

Section 1    Numerical Characteristics of Beta
             Distribution / 123

Section 2    Numerical Characteristics of Beta Distribution
             Random Variable / 125

Section 3    Estimation of Beta Distribution Parameters / 129

Section 4    Summary / 141


Chapter 4    Fuzzy Quality Evaluation Based on Fuzzy Set
             Distance Index / 143

Section 1    Products Quality Description Based on
             Asymmetric Loss Functions / 143

Section 2    Products Quality Level Measure of Fuzzy Set
             Distance Index Conforming Beta Distribution / 147

Section 3    Extension of Quality Loss Function / 153

Section 4    Summary / 157

Chapter 5    Design of Fuzzy Quality Control Charts Based
             on Beta Distribution / 159
    Section 1    Fuzzy Quality Control Chart Based
                 on Beta Distribution / 159
    Section 2    Efficiency of Fuzzy Quality Control Chart Based
                 on Beta Distribution / 163
    Section 3    Control Program of Control Charts / 169
    Section 4    Summary / 170


Chapter 6    Research on Process Capability Index of Fuzzy Set
             Distance Index / 172
    Section 1    Process Capability Index of Fuzzy Set Distance
                 Index Based on Beta Distribution / 172
    Section 2    Optimization of Process Capability / 178
    Section 3    Simulation of Process Capability Index Estimations
                 and Statistical Characteristics / 183
    Section 4    Summary / 189


Chapter 7    Application of Fuzzy Quality Control Charts Based
             on Fuzzy Set Distance Index / 191
    Section 1    Fuzzy Quality Control Charts on
                 Uniform Distribution / 194
    Section 2    Fuzzy Quality Control Charts on
                 Beta Distribution / 199
    Section 3    Summary / 204


Reference / 206

Appendix 1   Programming Based on Matlab / 218

Appendix 2   Moment Estimation of Prameter a and b / 220

Appendix 3   Maximum Likelihood Estimation of Parameter a
             and b on Order Statistics / 222

Appendix 4   Maximum Likelihood Estimation of Parameter a
             and b on Uniform Design Sampling / 227

Appendix 5   Numerical Solution of Parameter a and b Based
             on Quality Optimization / 232

Appendix 6   Namerical Solution of Parameter and b Based on
             Extended Model Under Quality Optimization / 235

Appendix 7   Calculation Program of $P$ $(\widetilde{\mu} \leqslant c,\ \widetilde{\sigma} \leqslant d)$ 、
             $P$ $(\widetilde{\mu} \leqslant c)$ and $P$ $(\widetilde{\sigma} \leqslant d)$ / 238

Appendix 8   Calculation Program of Average Run Length / 240

Appendix 9   Frequency Histogram Generating Program of $\hat{\xi}_{0.99865}$ 、
             $\hat{C}'_{P}$、 $\hat{C}'_{PU}$ and $\hat{C}'_{PK}$/ 244

Appendix 10  Least Square Estimate of Mean Value and Standard
             Deviation Based on Beta Distribution / 249

# 前　言

　　国际质量学界的著名学者朱兰（Juran）博士曾指出，对于用户而言，质量就是"适用性"，而不是规格符合性，从而提出了"适用性质量"的概念，体现了用户导向的质量观。基于用户的感觉对被考察产品的质量做出评价存在不确定性，这种不确定性表现为评价标准的模糊性，难以用传统的随机不确定性的度量方法进行描述，由此提出了模糊质量的概念。

　　一个非常突出的有关模糊质量的例子是感官质量检验。目前已有的感官检验方法均是基于描述性语言的，显然无法避免检验误差的产生，并且难以对所有的检验数据进行统计分析，上述问题在于未能对质量的模糊属性进行数量化转化。

　　概率和统计方法应用于质量控制已有较长历史。自20世纪30年代休哈特提出休哈特控制图以来，统计过程控制（Statistical Process Control，SPC）的研究和实践取得了长足进展，极大地促进了企业生产过程的质量改进，使得企业生产的产品质量不断提高，消费者的生活品质也因之得到极大改善。作为质量管理的核心内容，统计过程控制研究和实践在广度和深度上的迅速发展，为统计过程控制的研究和应用提出了许多新的问题。

传统的以休哈特控制图为代表的统计过程控制方法越来越表现出局限性。由于质量管理的理论发展不能满足实践需求，美国国家研究委员会的著名报告《振兴美国数学——90 年代的计划》将有关质量的统计方法列为最具研究前景的 27 个题目之一，指出控制图方法"是一个迫切需要引进新思想的课题"。其中，传统的休哈特控制图方法，难以适用具有模糊特性的质量控制问题，需要寻找新的方法来解决。

在质量控制的最新研究中，模糊理论及方法代替传统的概率统计方法，已经被应用于统计质量控制中。质量控制研究领域的重要期刊 Technometrics 于 1995 年第 3 期，对模糊方法应用于统计中的研究进展进行了综述。

模糊理论的创立者 Zadeh 指出，在模糊理论的发展中已经引入了概率论，提出了模糊随机变量的概念，概率论的应用需要结合模糊方法才能更符合实际。以往研究表明，从精确性要求和实际操作的层面看，基于概率统计方法建立的控制图更具有优势。

依据上述分析，本书主要内容分为以下几个方面：

第一，引入模糊集理论，以模糊集距离为指标对模糊质量特性进行描述。

第二，将一类反映产品模糊质量水平的质量特性值，以模糊集距离指标来代表，并分析指标变动，得出指标具有随机性的特征。

第三，根据模糊集距离随机变动具备的特点，运用相应的概率分布进行拟合。

第四，建立基于模糊集距离指标的模糊控制图。

　　本书基于北京市自然科学基金资助项目（Supported by Beijing Natural Science Foundation）（9144028）的研究成果，其中第二章和第七章内容由基金项目主要参与者中国航空综合技术研究所汪邦军编写。该书的出版得到了北京信息科技大学经管学院的资助及各位老师的支持，在此表示衷心的感谢！

　　由于作者水平有限，错误及不当之处在所难免，敬请广大读者批评指正，提出宝贵意见！

# 第一章
# 质量与质量控制

质量一直是人们关注的问题。离开质量，社会进步、经济发展、人民生活水平的提高等都无法实现。世界各国和政府都高度重视质量，提高质量对社会进步和经济发展都会产生巨大的影响。

## 第一节　质量概念的演变

在 GB/T 9000 - ISO 9000：2008 族中（ISO：International Standardization Organization），"质量"被定义为"一组固有特性满足要求的程度"。质量可以用来描述"产品或服务的好坏、优劣程度"，也常常加一些限制词，如产品质量、工程质量、建筑质量、教育质量等，或更具体的如原材料质量、加工质量、轿车质量乃至信息质量、系统质量、生活质量、发展质量等，以使质量的指向更为明确，意义表达更为具体。由此可见，质量是一个具有十分丰富内涵的概念，可以从不同的视角进行审视并达到深层的理解，如产品、经营过程、经济增长、管理机制。质量有一个重要特性值得注意，即质量的含义具有与时俱进的特性。质量将随着生产发展和社会进步而有更加丰富的内涵，不断拓展外延、调整表述而永葆时代气息。对质量概念的认识经历了一个不断发展和深化的过程，如今质量概念描述的对象不仅包括产品和服务，还扩展到过程、活动、组织、体系以及它们的组合。

早期观点认为，质量就意味着对于规格或要求的符合。美国质量管理专家克劳斯比认为质量只有相对于特定的规格和要求才有意义，合乎规格即意味着具有了质量，而不合规格自然就是缺乏质量。这种"合格即质量"的认识对于质量管理的具体工作显然是实用的，但难免忽略了顾客的需求，忽略了企业存在的真正目的和使命，在当今这个竞争的时代，这种观点是站不住脚的，也是致命的。

世界著名的美国质量管理专家朱兰（J. M. Juran）从顾客角度出发，提出了著名的"适用性"观点。他认为"适用性"就是产品在使用过程中成功满足要求的程度。这种"适用性"的质量概念普遍适用于一切产品或服务，表明对顾客而言，质量就是适用性，而不是"符合规格"。最终用户不关心具体"规格"是什么，而是关心产品在交货和使用过程中的适用性。因此，适用性的观念对于重视顾客、明确企业存在的根本目的具有深远的意义。

20 世纪 80 年代以后，人们对于质量的认识更加深入和广泛。朱兰提出了"大质量"的概念，相应，只针对产品和服务而言的狭义质量概念被称为"小质量"观。表 1 - 1 是关于"大质量"观与"小质量"观的比较。

表 1-1　"大质量"观与"小质量"观的对比

| 条　目 | "小质量" | "大质量" |
|---|---|---|
| 产　品 | 制造有形产品或服务 | 所有类型产品，无论是否销售 |
| 过　程 | 直接与产品的制造相关的过程 | 制造、支持等包括业务在内的所有过程 |
| 顾　客 | 购买产品的主顾 | 所有受影响的相关方 |
| 质量被视为 | 技术问题 | 经营问题 |
| 质量目标体现在 | 生产目标中 | 企业的经营计划中 |
| 不良质量成本 | 与不良加工产品有关的成本 | 所有因工作不完美而导致的成本 |
| 质量的评价主要基于 | 与工厂规格、程序和标准的符合性 | 与顾客需求相适应 |
| 质量改进 | 部门绩效 | 公司绩效 |

2008 年版 ISO 9000 标准正是在总结了以往人们对质量认识的基础上，给出了"一组固有特性满足要求的程度"的广义质量概念。

当人类社会进入后工业社会的发达阶段，生产系统由所谓"刚性"生产线向"柔性"生产线转化，管理体系由垂直的纵向管理向"扁平化"发展，这时的产品质量，不但应该满足功能和可靠性、实用性等使用上的要求，而且更应满足消费者的个性和心理要求。产品的设计和制造要融合人类的文化意识，并要体现消费者的人生观和价值取向。产品表现的将不仅仅是劳动力的价值，也应包含知识和观念的更新。

应当指出，不论顾客的需要还是其他方面的需要，都会随时间的推移、生产力的发展、科学技术的革命而发生变化。不同的生产力条件，不同的社会时代，会有不同的质量观念。而不同的质量观念反映在工序质量控制方面，就必定会导致工序控制的方式、方法、内容和范围的不同。

## 第二节　质量与质量管理

### 一　产品质量与工作质量

#### （一）产品质量

ISO 9000 族标准将"产品"的概念定义为"过程的结果，包括硬件、软件、服务和流程性材料"。产品的概念不仅包括原有意义上的买卖合同（书面的或非书面的）中规定提供的产品，还包括企业生产经营活动的其他一切结果，包括资源浪费和排放污染等人类不愿看到的后果。产品概念的绿色化是从产品概念上提出的要求，同样也反映了人类在需求得到满足时对成本、利益和风险的综合考虑。产品质量指的是在商品经济范畴内，企业依据特定的标准，对产品进行规划、设计、制造、检测、计量、运输、储存、销售、售后服务、生态回收等全程的必要的信息披露。产品质量除了含有实物产品质量之外，还含有无形产品质量，即服务质量。服务质量也是有标准的。产品质量，也指产品满足用户要求的程度，也就是指产品的使用价值。"用户"是一个广义的概念，即以某种方式获得相应产品的个人和集体。例如，下道工序是上道工序的用户，再加工车间是前加工车间的用户，制成品的最后买主是企业的用户。质量是产品或服务的生命。质量受企业生产经营管理活动中多种因素的影响，是企业各项工作的综合反映。要保证和提高产品质量，必须对影响质量的各种因素进行全面而系统的管理。

产品质量是由各种要素组成的，这些要素亦被称为产品所具有的特征和特性。不同的产品具有不同的特征和特性，其总和便构成了产品质量的内涵。产品的质量要求反映了产品的特性，特性是产品满足顾客和其他相关方要求的能力。顾客和其他质量要求往往随时间而变化，与科学技术的不断进步有着密切的关系。这些质量要求可以转化成具有具体指标的特征和特性，通常包括使用性能、安全性、可用性、可靠性、可维修性、经济性和环境等几个方面。

产品的使用性能是指产品在一定条件下，实现预定目的或者规定用途的能力。任何产品都具有其特定的使用目的或者用途。产品的安全性是指产品在使用、储运、销售等过程中，保障人体健康和人身、财产免受损失的能力。产品的可靠性是指产品在规定条件下和规定的时间内，完成规定功能的程度和能力，一般可用功能效率、平均寿命、失效率、平均故障时间、平均无故障作业时间等参量进行评定。产品的可维修性是指产品在发生故障以后，能迅速维修恢复其功能的能力，通常采用平均修复时间等参量表示。产品的经济性是指在产品的设计、制造、使用等方面所付出或所消耗成本的程度，同时，也包含其可获得经济利益的程度，即投入与产出的效益能力。

产品质量是设计质量、制造质量（包括检验质量等在内）和使用质量的综合体现。设计质量是通过制造质量实现的；制造过程的信息反馈又可能推动提高产品和工艺的设计质量；使用质量则是设计质量和制造质量的验证，它反馈的信息也能促进提高设计质量和制造质量。

设计质量是指设计规定的产品的使用价值、设计符合用户要求的程度。这里的设计质量也应理解为广义的，它包括零件结构形状设计质量、用料选择以及工艺规程设计质量等。制造质量是指成品符合设计的程度。

产品应具备能满足用户需要的质量特性。通常，凡是反映产品使用目的的各种技术经济参数都可以称为质量特性。机械产品的质量特性一般包括强度、硬度、寿命，还包括形状、外观、色彩等方面的内容。

把反映产品质量主要特性的技术经济参数明确规定下来，形成技术文件，就是产品的质量标准（或称技术标准）。生产企业应在严格遵守统一的产品质量标准的前提下，力求满足用户的不同需求。

## （二）工作质量

工作质量是指与产品质量有关的工作对于产品质量的保证程度。工作质量涉及企业所有部门和人员，也就是说企业中每个科室、车间、班组，每个工作岗位都直接或间接地影响产品质量，其中领导者的素质最为重要，起着决定性的作用，当然广大职工素质的普遍提高，是提高工作质量的基础。工作质量是提高产品质量的基础和保证。为保证产品质量，必须首先抓好与产品质量有关的各项工作，主要包括生产工作、技术工作和组织管理工作，以达到产品质量标准，减少不合格品的数量。

产品质量和工作质量是两个既不相同而又密切联系的概念。产品质量取决于工作质量，工作质量是产品质量的保证。进行质量控制，既要抓产品质量，也要抓工作质量，通过提高工作质量来保证和提高产品质量。

## 二 质量管理的概念

质量管理是企业管理的中心环节，ISO 9000 标准把质量管理定义为"在质量方面指挥和控制组织的协调活动"。这些活动包括：制订质量方针与质量目标、质量策划、质量控制、质量保证和质量改进。

### （一）质量方针

质量方针是企业最高管理者对外发布质量方面的总体宗旨，是企业各部门和全体人员执行质量职能以及从事质量管理活动所必须遵守和依从的行动指南。不同的企业可以有不同的质量方针，但都必须有明确的号召力。如"以质量求生存、以品种求发展""质量第一、用户第一、服务第一"等质量方针既有高度的概括性又有强烈的号召力，但显得不够具体。因此，企业所制订的质量方针，必须是针对具体问题的，并提出明确的具体规定，才是真正有指导作用的行动指南。企业质量方针的具体内容一般包括以下几个方面：产品质量水平、同供应厂商的关系、质量活动要求、售后服务、经济效益、质量管理教育等。企业的质量方针一般都要以计划书的形式规定下来，只有规模小的企业可以不写成文字。

### （二）质量目标

质量目标是质量方针的具体展开。一般"目标"是将来的，是可以预期的和可以达到的，不应该是已达到的或应达到的。这个"目标"不能成为设定的目标，因为它是必须做到的，而非预期的，是满足要求的程度比目前水平有所提高的目标。对于企业来说，每年这种程度有所提高，则企业的质量水平就逐年提高，这就体现了持续改进的概念。

质量目标有两种：①质量管理体系运行的质量目标；②产品的质量目标。这两个质量目标都需要认真地进行策划和建立。企业的质量目标是根据企业的质量方针的要求及企业在某时期内所达到的质量要求来制订的。制订的目标必须清楚，要有时间要求，目标要数量化，以便于实施、检查与考评；要与企业的其他目标相协调；目标水平要适当；目标要突出重点，个数不宜过多；目标应形成文字、表格，经批准后实施。

**（三）质量策划**

ISO 9000：2008 关于"质量策划"的定义为：质量策划是质量管理的一部分，致力于制订质量目标并规定运行过程和相关资源以实现质量目标。质量策划的目的在于制订并采取措施实现质量目标。质量策划是一种活动，质量策划的结果形成的文件，可以是质量计划。质量策划包括产品策划和管理作业策划。产品策划即对质量特性进行识别、分类和比较，并建立其目标、质量要求和约束条件；管理作业策划即为建立质量体系进行准备，包括组织和安排，编制质量计划和作出质量改进的规定。

质量策划的工作内容主要有：向管理者提出组织质量方针和质量目标的建议；分析顾客的要求并形成设计规范；对产品设计进行质量和成本方面的评审；制定质量标准和产品规格；控制策划过程和制订保证质量合格的程序；研究质量控制和检验方法；进行工序能力研究；分析质量成本；研究并实施对供应商的评估和质量控制；对组织进行质量审核；开展动员和培训活动。

质量计划是落实质量目标的具体部署和行动安排，其中包括企业各部门在实现质量目标时应承担的工作、责任以及实现的进度。在企业中，质量目标和质量计划的层层落实，叫作目标展开或指标分解。质量计划根据质量目标不同而分为质量指标计划、质量攻关计划、质量改进措施计划、产品升级换代计划、产品质量赶超计划等。

（四）质量控制

质量控制是指为达到质量要求所采取的作业技术和活动。作业技术包括为确保达到质量要求所采取的专业技术和管理技术，是质量控制的主要手段和方法的总称。活动是由掌握了相关技术和技能的人运用"作业技术"所开展的有计划、有组织、系统的质量职能活动。质量控制的目的在于监视过程，并排除质量环节的所有阶段中会导致不满意的因素，以取得经济效益。质量控制应贯彻预防为主的原则，并和检验把关相结合，使每一个质量环节的作业技术和活动都处于有效的受控状态。

质量控制应根据生产计划组织生产，选择能保证加工质量要求的机器和工具，配备好各工序检测所用的计量器具，选择合适的生产工人并使其熟悉加工要求，以保证加工质量并选定控制点进行控制等。

（五）质量保证

质量保证是指为了提供足够的信任，表明实体能满足质量要求，而在质量体系中实施并根据需要进行证实的全部有计划和系统的活动，是组织最高管理者对实体能够满足质量要求提供足够的信任。质量保证的基本思想是强调对用户负责，其核心问题是"用户第一"。为此，组织就必须提供足够的证据，即实物质量测定证据和管理证据。

质量保证是一种有计划、系统的活动。为实施这样的活动，组织内应当建立一个有效的质量保证体系，这个质量保证体系应当能够满足不同用户、不同第三方可能提出的不同质量保证要求。质量保证分内部质量保证和外部质量保证。内部质量保证是指为了使本组织最高管理者对实体能够满足质量要求提供树立足够的信任所进行的活动，如质量审核、质量体系审核、质量评审、工序质量验证等；外部质量保证是指为了使用户或第三方对供方具备满足质量要求的能力树立足够信任所进行的活动，其目的是使用户或第三方对供应方的质量管理有效性和可靠性产生信任感。

### （六）质量改进

质量改进是指为向组织及顾客等相关方提供更多的效益，在整个组织内所采取的，旨在提高活动和过程的效益及效率的各种措施。使组织和顾客及相关方能得到更多的效益，不仅是质量改进的根本目的，也是质量改进在组织内部能够持续发展并取得长期成功的动力。

质量改进的基本途径是在组织内采取各种措施，不懈地寻找改进机会，预防质量问题的出现，提高活动和过程的效益及效率。质量改进活动涉及质量形成全过程的每一个环节，与过程中每一项资源有关。质量改进活动应有组织、有计划地开展，并尽可能地调动每一个组织成员参与的积极性。

质量控制和质量改进是相辅相成的，两者之间既有联系又有区别。质量控制是质量改进的基础和前提，质量改进是质量控制的延伸和发展。服从于组织质量方针和目标，以及贯穿落实于质量形成全过程是两者的共同点。

### （七）质量体系

质量体系是指"在质量方面指挥和控制组织的管理体系"，也是指为实施质量管理所需要的组织结构、程序、过程和资源。企业为实现其所规定的质量方针和质量目标，就需要分解其产品质量的形成过程，设置必要的组织机构，明确责任制度，配备必要的设备和人员，并采取适当的控制办法，影响产品质量的技术、管理和人员等各项因素都应得到控制，以减少、清除特别是预防质量缺陷的产生，所有这些项目的总和形成了质量体系。

质量管理、内部质量保证、质量控制和质量体系等概念之间既相互联系又有区别。质量管理工作包括制订质量方针，是对所有质量职能和活动的管理，涵盖了质量保证、质量控制和质量体系。质量方针制订后，需要在组织措施上加以保证，这就是质量体系。质量体系是实施质量管理时的组织、程序、资源等的系统化、标准化和规范化，是质量管理的核心和载体。质量体系的内容包括两个方面：一是质量控制；二是内部质量保证。这两者是实施质量管理时在组织内采用的具体实施方式和手段。

### 三 质量管理的基本原则

#### (一) 八项质量管理基本原则

国际标准化组织（International Organization for Standardization, ISO）质量保证技术委员会（即 ISO/TC176）在全面总结和吸收世界各国全面质量管理理论精华和实践经验的基础上，科学提炼和高度概括了质量管理活动中最基本、最通用的客观规律，整理并编撰了八项质量管理原则。八项质量管理原则实质上也是组织管理的普遍原则，是现代社会发展、管理经验日渐丰富、管理科学理论不断演变发展的结果。

八项质量管理原则充分体现了现代管理科学的原则和思想。因此，使用管理原则还可以对组织的其他管理活动，如环境管理、职业安全与卫生管理、成本管理等提供帮助和借鉴，真正促进组织建立一个改进业绩的管理体系。

1. 以顾客为关注焦点

所谓顾客是指"接受产品的组织或个人"。顾客是每个组织存在的基础，组织应把顾客的要求放在第一位。组织要及时调整自己的经营策略和采取必要的措施，以适应市场的变化，满足顾客不断发展的需求和期望，测评顾客的满意程度并根据结果采取相应的活动或措施，使自己的产品或服务处于领先的地位。

现代企业要满足众多的甚至是相互矛盾的要求，而必须以顾客的要求作为关注的焦点，这也是市场经济的观点。这里面有三个方面值得重视：①各种要求相互矛盾时，则以满足顾客要求为重点，这是企业存在和发展的基本点；②同时要兼顾其他各相关方的要求，如顾客的要求违反了有关政策法规，或影响了其他方面的根本利益，如污染环境等，应认真处理和解决：③顾客的要求是变化着的，不同的顾客，不同的地点，不同的时间段，都有不同的要求。

2. 领导作用

一个组织的领导者，即最高管理者是"在最高层指挥和控制组织的一个人或一组人"。最高管理者要想指挥好和控制好一个组织，必须做好确定方向、策划未来、激励员工、协调活动和营造一个良好的内部环境等工作。最高管理者的领导作用、承诺和积极参与，对建立并保持一个有效的和高效的质量管理体系，并使所有相关方获益来说是必不可少的。此外，在领导方式上，最高管理者还要做到透明、务实和以身作则。

## 3. 全员参与

各级人员都是组织之本，只有他们的充分参与，才能使他们的才干为组织带来效益。组织的质量管理不仅需要最高管理者的正确领导，还有赖于全员的参与。所以要对员工进行以顾客为关注焦点等质量意识、职业道德及敬业精神的教育，还要激发他们的积极性和培养他们的责任感。此外，员工还应具备足够的知识、技能和经验，才能胜任工作，实现充分参与。

## 4. 过程方法

任何利用资源并通过管理，将输入转化为输出的活动，均可视为过程。系统地识别和管理组织所应用的过程，特别是这些过程之间的相互作用，就是"过程方法"。过程方法的目的是获得持续改进的动态循环，并使组织的总体业绩得到显著的提高。所有的质量工作都是通过过程来完成的，为了更有效地得到期望的结果，必须识别并管理这项工作中有关的过程，而过程活动的输入是资源，输出是产品，即过程的结果。因此，活动和相关的资源应该作为过程来认真管理好。

## 5. 管理的系统方法

将相互关联的过程作为系统加以识别、理解和管理，有助于组织提高实现目标的有效性和效率。任何一个组织，要提高组织的有效性和效率，必须应用系统方法建立、实施和保持质量管理体系，而质量管理体系又由一个相互关联的过程网络所组成，即过程模式。因此，在质量管理中必须采用系统方法，把质量管理体系作为一个大系统，对组成质量管理体系的各个过程加以识别、理解和管理，以达到实现质量方针和质量目标的目的。

6. 持续改进

持续改进整体业绩应当是组织的一个永恒目标。所谓持续改进就是增强满足要求的能力的循环活动。为了改进组织的整体业绩，组织应不断改进其产品质量，提高质量管理体系及过程的有效性和效率，以满足顾客和其他相关方日益增长和不断变化的需求与期望。只有坚持持续改进，组织才能不断进步。最高管理者要对持续改进作出承诺，积极推进；全体员工也要积极参与持续改进活动。持续改进是永无终点的，因此，持续改进应成为每个组织永恒的追求目标和活动。

7. 基于事实的决策方法

决策是组织中各级领导的职责之一。所谓决策就是针对预定目标，在一定约束条件下，从诸方案中选出最佳的一个方案付诸实施。达不到目标的决策就是失策。正确的决策需要领导者用科学的态度，以事实或正确的信息为基础，通过合乎逻辑的分析，作出正确的决断。盲目的决策或只凭个人的主观意愿的决策是绝对不可取的。

8. 与供方互利的关系

组织与供方是相互依存的，互利的关系可增强双方创造价值的能力。供方向组织提供的产品将对组织向顾客提供的产品产生重要的影响，因此处理好与供方的关系，影响组织能否持续稳定地提供顾客满意的产品。在专业化和协作日益发展、供应链日趋复杂的今天，与供方的关系还影响组织对市场的快速反应能力。因此，对供方不能只讲控制，不讲合作互利，特别对关键供方，更要建立互利的关系。

### （二）全面质量管理

全面质量管理（Total Quality Control，TQC）的特点可

以概括为"三全一多样"，即全面的、全过程的、全员参加的质量管理以及质量管理所采用的方法是科学的、多种多样的。全面质量管理是指在全社会的推动下，企业中所有部门、所有组织、所有人员都以产品质量为核心，把专业技术、管理技术、数理统计技术等集合在一起，建立一套科学、严密、高效的质量保证体系，控制生产过程中影响产品质量的因素，以优质的工作及最经济的办法提供满足用户需要的产品的全部活动。

全面质量管理的意义在于提高产品质量、改善产品设计、加速生产流程、鼓舞员工的士气和增强质量意识、改进产品售后服务、提高市场的接受程度、降低经营成本、减少经营亏损、降低现场维修成本、减少责任事故。全面质量管理过程的全面性，决定了全面质量管理的内容应当包括设计过程、制造过程、辅助过程、使用过程四个过程的质量管理。

1. 设计过程质量管理的内容

设计过程的质量管理是全面质量管理的首要环节。这里所指的设计过程，包括市场调查、产品设计、工艺准备、试制和鉴定等过程（即产品正式投产前的全部技术准备过程）。设计过程质量管理的主要工作内容包括通过市场调查研究，根据用户要求、科技情报与企业的经营目标，制订产品质量目标；组织由销售、使用、科研、设计、工艺、制度和质管等多部门参加的审查和验证，确定适合的设计方案；保证技术文件的质量；做好标准化的审查工作；督促遵守设计试制的工作程序等。

2. 制造过程质量管理的内容

制造过程是指对产品直接进行加工的过程。它是产品质量形成的基础，是企业质量管理的基本环节。它的基本任务是保证产品的制造质量，建立一个能够稳定生产合格品和优质品的生产系统。其主要工作内容包括组织质量检验工作；组织和促进文明生产；组织质量分析，掌握质量动态；组织工序的质量控制，建立质量控制点等。

3. 辅助过程质量管理的内容

辅助过程是指为保证制造过程正常进行而提供各种物资技术条件的过程。它包括物资采购供应、动力生产、设备维修、工具制造、仓库保管、运输服务等。它的主要内容有：做好物资采购供应（包括外协准备）的质量管理，保证采购质量，严格入库物资的检查验收，按质、按量、按期地提供生产所需要的各种物资（包括原材料、辅助材料、燃料等）；组织好设备维修工作，保持设备良好的技术状态；做好工具制造和供应的质量管理工作等。企业物资采购的质量管理将日益重要。

4. 使用过程质量管理的内容

使用过程是考验产品实际质量的过程，它是企业内部质量管理的继续，也是全面质量管理的出发点和落脚点。这一过程质量管理的基本任务是提高服务质量（包括售前服务和售后服务），保证产品的实际使用效果，不断促使企业研究和改进产品质量。它主要的工作内容有：开展技术服务工作，处理出厂产品的质量问题；调查产品使用效果和用户要求。企业把顾客放在经营的中心位置，让顾客的需求引导企业的决策。在那些已建立"顾客完全满意"管理模式的企业中，企业需要了解顾客及其业务，了解他们使用产品的目的、时间、方式、周期；企业需要从顾客的角度进行思考。

目前，一些企业仍存在一些旧的质量管理观念，表现为：①把"技术检验科"看成"质量控制科"。长期以来，控制产品质量的唯一有效方式是让产品通过一道道检验关卡，而质量检验工作是由"技术检验科"实施的，因而，有些人认为，质量保证、质量控制、质量管理只不过是技术检验科工作的新名称而已。②把质量管理看成只是管理和工程技术人员的事。这种观念忽视了工人的能动作用，结果是一方面不能充分掌握问题产生的原因及解决问题的信息；另一方面压制了现场操作人员的积极性和潜力的发挥，致使质量难以提高。③把质量控制局限化，没有树立全面质量管理的意识。企业为了提高产品质量，获得最大经济效益，必须抛弃旧的质量管理方法，推行新的质量管理模式。

### （三）PDCA 循环

现代质量管理的特点是：实行全面质量管理，从过去的事后检验，以"把关"为主，转变为以预防、改进为主；从"管结果"转变为"管因素"，即找出影响质量的各种因素，抓住主要矛盾，发动各部门全员参加，运用科学的管理方法和程序，使生产经营的所有活动处于受控状态；在工作中将过去的以分工为主转变为以协调为主，使企业联系成为一个紧密的有机整体；在推行全面质量管理时，要求做到"三全一多样"。

全面质量管理采用一套科学的、符合认识论的工作程序，即 PDCA 循环。质量管理的 PDCA 循环是由美国质量管理统计学专家戴明（W. E. Deming）在 20 世纪 60 年代初创立的，故也称为戴明环活动。它反映了质量改进和完成各项工作必须经过的四个阶段。这四个阶段不断循环下去，周而复始，使质量不断改进。PDCA 循环可以进一步具体化为四个阶段和八个步骤。

1. 四个阶段（PDCA）

四个阶段包括 Plan（计划）、Do（执行）、Check（检查）、Action（处理）。

做任何工作，首先要有一个计划（或设想）；根据计划去工作，即执行计划；工作效果如何，要进行检查；检查的结果可以验证原来计划的正确性，用来改进工作或修改原来的计划或设想。例如，材料加工的热处理工作的四个阶段（PDCA）为：

Plan（计划）——根据零件的热处理技术要求制订工艺和操作方法；Do（执行）——操作者根据工艺实施热处理操作，即执行；Check（检查）——热处理工序完成后，对产品达到技术要求的程度和有关质量问题进行检验和考核，即为检查；Action（处理）——对正确的加以肯定，列为工作标准，以后再操作时可按这一标准进行，对产生的问题要提出来，制订出解决问题的计划并进行改进，即向下一个循环反映，这就是处理。

2. 八个步骤

为控制产品质量，PDCA 循环可以进一步具体化为八个步骤。

Plan（计划）阶段可以具体化为四个步骤：①分析现状，找出质量问题；②分析产生质量问题的各种因素；③找出影响质量的主要因素；④针对影响质量的主要因素采取措施和制订计划，并预计可达到的效果。

采取措施和制订计划要回答"5W1H"：Why（必要性），What（目的，为什么），Where（地点），Who（由谁执行），When（何时完成），How（方法，如何执行）。

Do（执行）阶段，就是执行措施或计划。

Check（检查）阶段，就是调查采取措施的效果。

Action（处理）阶段，包括两个步骤：①总结经验，把成功和失败的经验教训都规定到相应的标准和制度、规定中，防止再次发生失误；②提出尚未解决的问题。

上述八个步骤，需要大量的数据和资料，作出科学的判断，对症下药，收集和整理数据要利用一些质量管理工具。通过采用 PDCA 循环，要形成一种良好的质量意识。好的质量是设计、制造出来的，不是检验出来的；质量管理的实施要求全员参与，并且要以数据为客观依据，要视顾客为上帝，以顾客需求为核心；在实现方法上，要一切按 PDCA 循环办事。

## 四 质量控制

控制是管理的基本职能，质量管理包括质量控制过程。一般而言，控制过程必须具备三个条件，分别是：明确控制目标或标准；检测过程的实际状态与控制目标或标准之间的偏差；纠正偏差的手段或措施。所以，广义上的质量控制就是确定系统过程的质量目标，检测系统质量过程的状态以及纠正质量过程偏离质量目标的质量管理活动。

组织的质量控制基于三点基本原理：①控制和协调系统质量过程以及系统的输入和输出；②确定系统质量过程输出的标准；③纠正系统质量过程实际输出与控制标准之间的偏差。质量控制可以分为六种类型，分别是目标控制和过程控制；反馈控制和前馈控制；全面控制和重点控制；程序控制、跟踪控制和自适应控制；内部控制和外部控制；统计控制、技术控制和管理控制。本书研究重点为统计过程控制，是基于统计理论的控制过程，也依据产品质量的统计特点。

## 第三节　工序质量控制的理论与方法

全面质量管理强调了产品质量就是产品的适用性这一基本观念，产品的适用性在很大程度上是由设计阶段所决定的，然而，要使适用性体现在实际的产品上，还必须经过加工制造过程。只有当制造出的产品符合设计要求，才真正得到满足质量要求的产品。因此，制造过程的质量管理和质量控制是实现质量目标的重要保证。

制造过程的质量职能可分为两个部分：一部分是工艺质量职能，另一部分是生产质量职能。工艺质量职能属于生产前的准备工作，为保证制造质量提供必要的技术上和管理上的条件。生产质量职能则是一系列的实施过程，其重点是搞好工序控制，保证产品质量。

工序是产品零部件制造过程的基本环节，也是组织生产过程的基本单位。由于产品都必须经过各道工序的加工才能制造成功，因此，工序质量最终决定产品的制造质量。工序控制是生产现场中最常见、最常用的管理方法。

### 一　工序控制概述

从工序的组合和影响工序质量的诸因素来看，工序是指机器方法、材料以及操作者在特定环境下对产品质量起作用的过程。对工序的最终成果——产品质量而言，上述各因素都是一个变量，工序控制的目的就是要使这些变量较好地匹配，而使工序长期处于稳定状态，从而为制造合格产品创造条件。

## （一） 主导因素分析

当工序质量发生异常时，我们总是从机器、方法、材料、人以及环境等方面进行分析，以找出原因所在。对企业来讲，又可将这些因素进一步具体化。如在机械零件的热处理中，淬火时间、淬火温度就是一些具体的因素。在这些对产品质量有影响的众多因素中，必定有一种或几种因素是占支配地位的，这些因素的改变将使产品质量发生很大的变化；而控制了这些因素，产品的质量就能得到保证。这些因素常称为主导因素。因此，所谓主导因素是指在众多影响最后质量的因素中，决定全局和占支配地位的因素。人们可以根据各行各业的专业知识和实践经验确定主导因素。例如，在冲压加工中，模具的质量往往决定了冲压零件的外形和尺寸精度，因此，模具是占支配地位的主导因素。在缫丝行业，蒸汽压力、水流量、温度等往往对一些质量特性起着主导作用。

在制造过程中，我们可以根据不同的工序，结合专业技术和实践经验，分析找出对工序质量起支配作用的主导因素，采取有效的措施，达到事半功倍的目的。

在制造过程中，常见的主导因素有以下几种。

### 1. 定位装置是主导因素

当工序设计已经达到相当高的复制性程度时，整批生产过程会生产基本一致的产品。在这种情况下，如果原来定位装置安放正确，那么整批产品就将符合标准。因此，这时定位装置就是主导因素。

定位装置起主导作用的典型工序有冲孔、定长度切削、模具、切边、造型、加贴标签、印刷等。

### 2. 机器是主导因素

这种工序的复制性程度往往也较高，但随着时间的推移，由于工具的磨损等情况的发生和变化，质量特性数据会发生较大的变化，而使在一批产品中不可避免地生产出不合格品。因此，必须定期检查和校正。这样机器就成为主导因素。

机器起主导作用的典型工序有自动包装、自动切削、造纸、电子器件焊接等。

3. 操作人员是主导因素

在操作人员的手工操作占很大比重的工序中，操作人员的技能和谨慎是关键因素，它是产品零部件缺陷的主要来源。因此，操作人员就成为主导因素。

操作人员起主导作用的典型工序有手工焊接、人工研磨、电子调谐、手工包装、检验等。

4. 零部件等是主导因素

对于装配、合成等工序，外购零部件、原材料起支配作用。它们的质量，以及匹配在一起的质量将对产品质量起决定性的影响。因此，这时零部件等就是主导因素。

零部件是主导因素的有汽车、机械产品的装配、化工产品的合成、食品配方制作等。

**（二）控制影响工序的因素**

既然人、机器、材料、方法、环境是影响工序质量的五大因素，那么只有对这些因素加以控制，工序才能稳定地生产出符合设计要求的产品。因此，工序控制的基本内容就是对这五大因素的控制。

1. 人的管理

在现场生产活动中，人是最重要、最关键的因素，因而充分调动人的积极性、充分发挥人的主观能动性是至关重要的。一般需要注意做好以下几点。

（1）企业领导要牢固树立质量意识。一方面，领导的质量意识会潜移默化地影响职工，从而影响整个企业的质量意识；另一方面，只有领导真正树立质量第一的思想，才能严格质量纪律，使整个企业的质量管理工作落到实处。

（2）建立健全质量责任制。把每一项质量工作落实到人，并要切实可行，严格执行。

（3）合理安排人员。充分发挥每个人的专长与作用，对关键岗位要定机、定人、定责。

（4）制定合理的奖惩制度。

（5）进行教育培训。提高职工的质量意识和技术技能。

（6）开展质量管理小组活动。开展群众性的质量管理活动，发挥广大职工的积极性和聪明才智。

2. 设备的管理

机器设备是保证产品质量的重要手段，许多质量问题的产生，往往是由设备因素造成的。对设备的管理要做好以下工作：

（1）合理选择设备。技术部门要根据产品质量的要求和工艺特点，综合考虑质量、数量、成本等多方面因素，合理配置设备。

（2）合理使用设备操作人员。要严格按操作规程操作，维护设备的精度。并且要按设备的保修制度对设备进行定期检修、更新。要做好备品配件的供应。

（3）加强工具的管理。对工量器具的维护、保养、检修要做出明确的规定，做好工量器具的检定工作。

3. 工艺的管理

工艺是产品制造的具体方法，对产品质量的形成影响很大。工艺管理主要要做好以下几点工作：

（1）制定工艺操作规程。包括操作要领、检查手段和方法、记录要求等。对关键工序应配备相应级别的技术工人。

（2）严格工艺纪律。任何人都必须严格执行生产工艺，要加强工艺检查。

（3）配备完整的测试手段。做到：测试器具稳定、准确、示值一致，测试方法正确。

（4）建立自检责任制。每道工序都要检查人员检查是不现实的，并且建立自检制也是体现全员参加质量管理的好办法。

4．环境的管理

生产现场的环境与产品质量、生产效率、安全事故等都有直接关系。所以，要保证生产所必需的环境，要抓好精神文明建设。

5．原材料的管理

企业要为各道工序提供合格的原材料或零部件，操作人员在使用前必须进行核对。

### （三）质量控制点的设置

产品的制造过程是由若干道甚至几十道工序组成的，在现场控制中，不可能对每道工序不分轻重主次都予以控制，而是要选择一些对产品质量影响较大的，或在现阶段质量问题较多的工序加以控制。这些被选择来重点进行控制的工序称为质量控制点。因此，所谓质量控制点就是在一段时期内，需要特别监督和控制的工序。

正确设立控制点是实行工序质量控制的前提。对一个产品来讲，究竟要设置多少个控制点？在哪些工序设置控制点？需要在分析设计图和整个工艺流程之后，才能加以确定。控制点的设置要适当，确定控制点的原则有：

一是关键零件的关键工序。

二是特殊的工艺加工项目，并且该工艺对下道工序有重大影响，或该工艺项目为新工艺，尚未被广大工人所熟悉。

三是质量不稳定、出不合格品较多的加工部位和工序。

四是质量信息反馈所反映的问题较多的零件部件和工序。

一般而言，凡是生产过程中的关键所在，质量上的薄弱环节，原则上都可以设置控制点。质量控制点建立以后，不是一成不变的，可以根据质量稳定情况的变化而酌情增加或取消，但关键的控制点要始终加以掌握，不能取消。

**（四）质量控制点的管理**

对于质量控制点，必须明确重点控制的对象，控制的手段、方法和工具，还必须采取一定的管理措施，以达到设置控制点的目的。对质量控制点，主要可以采取以下的管理措施。

（1）编制质量控制点明细表。明确各控制点的名称、技术要求、检查方式、检测工具、检测频率、特性、重要程度及控制手段。

（2）明确控制目标。控制点的控制项目和特性要具体化，并尽可能用定量化数据表示。

（3）实行控制点的"三定"，即定操作者、定设备、定工艺。

（4）开展工序分析。找出影响工序质量特性的主导因素，并对这些主导因素规定控制范围和管理要求。

（5）编制作业指导书。对加工过程中的控制办法、注意事项、异常情况的处理方法等作详细说明。作业指导书可与工序卡合并在一起。

（6）建立控制手段。根据工序的特点和生产实际的需要，建立相应的控制手段。工序能力分析和控制图是工序控制的常用手段。

（7）开展自检活动。所有控制点上的操作者都应当进行自检，并认真填写有关记录。

（8）制订责任条例。将操作者的责任条例纳入企业的责任制，并与奖惩挂钩。

质量控制点的设置与管理，应由专人负责，有关职能部门和生产车间明确职责，密切配合，这样才能把工序控制落到实处，抓住关键工序，保证产品质量。

## 二 工序质量控制的理论依据

工序控制是对产品制造过程中所划分的工序的加工质量实施的控制，其核心是工序质量控制。工序质量控制是通过产品工艺性审查、工序设计、工序能力分析、工序因素分析等一系列质量控制活动，明确控制对象，确立控制重点，选定控制方法，将工序质量的波动限定在要求的界限之内，使制造过程处于受控状态。除设备精度、加工技术等决定工序质量的固有条件外，生产加工过程中的动态控制是工序质量控制的主要内容。

产品制造过程是产品质量形成过程中的重要环节，是企业中参加人员最多、涉及部门最广的一个阶段。在确认产品设计质量的前提下，它是实现产品质量的关键。构成制造过程的基本单位是工序。产品制造质量是在工序中加工出来的，即产品制造质量是由无数工序的加工过程逐渐形成的。

工序是产品零部件制造过程的基本环节，也是生产过程的基本单位。工艺质量职能和生产质量职能的成效都是通过工序表现出来的，通过工序管理可以使工艺和生产质量职能得到更好的发挥。

工序质量是指工序质量因素满足产品制造质量的程度，也就是指工序加工过程的优劣程度。工序控制就是对影响工序质量水平的质量因素进行分析、控制和管理的活动。

在制造过程中，工序质量因素的变化及其对产品质量的作用是一个极其复杂的过程。工序控制过程也就是发现和利用这个极其复杂过程的内在规律，使之达到能够稳定生产合格品的目的的过程。

（一）工序质量波动及其产生原因分析

工序控制的对象是工序质量的波动，目的是保证受控工序能稳定地生产合格品，并将工序质量的波动限制在允许范围之内，使工序处于受控状态。工序质量因行业而异，一般来说对产品可分割的工序，工序质量即为产品质量特性，如尺寸、精度、纯度、强度、额定电流、电压等；对产品不可分割或最终才能形成的，则通常指工艺质量特性，如化工产品生产装置的温度、压力、浓度和时间；有时，工序质量也可表现为物耗和效率。

工序质量属制造质量的范畴。质量的优劣主要体现为产品或工艺质量特性符合设计规范、工艺标准的程度，即符合性质量。工序质量在各种影响因素制约下，呈现波动特性。工序质量波动包括产品之间的波动；单个产品与目标值之间的波动；工艺质量特性在不同生产线、不同批次、不同时间的稳定性和因波动导致产品质量特性随时间、环境的变化等方面。工序质量的波动有两种类型：一是正常波动；二是异常波动。工序质量波动的类型体现了波动产生的不同原因和不同的处理方式。正常波动是由于随机性因素的经常作用而产生的偶然波动。工序控制的任务是要维持正常波动的适度水平。异常波动是由于系统因素引起的系统误差产生的波动。由于系统因素是在特定情况下突然发生的，故异常波动不具备随机规律，在未采取纠正措施前始终具有系统性。系统因素是导致工序质量问题的主要原因，是工序质量控制的主要对象。

工序质量波动综合体现的是工序质量特性值的统计参数、均值（中心位置）和标准差（形状参数）发生变化而导致的工序质量失控。

工序是操作者在一定环境和工作条件下，按规定的工艺方法，借助一定的生产工具对劳动对象连续进行的生产活动，包括加工、检验、搬动等。故工序是操作者、工艺方法、设备工装、原材料、测量方法和环境等因素的组合。这些因素是工序质量的制约变量，工序质量波动的原因就在于这些因素的综合作用。

### （二）工序控制中产品质量特性值的概率分布

数据是工序质量控制的基础。在加工过程中，一切与产品质量有关的数据是帮助我们描述产品质量特性、认识产品质量内在规律、发现质量问题、分析原因、采取措施进而保证和提高产品质量的依据。因此，正确地收集数据并给予科学整理和分析，是工序质量控制中不可缺少的重要环节。

1. 数据的类型

在工序质量控制中，就数据本身的性质来说，主要分为两大类：计量值数据和计数值数据。

（1）关于计量值数据。计量值数据是指任何两个值之间都可以无限细分，具有连续分布性质的数据。计量值数据多数服从正态分布或近似地服从正态分布。

（2）关于计数值数据。计数值数据是指以自然数 1 为最小单位，数值间不能再进行细分。

计数值数据是工序控制中常用的数据类型之一，尤其是在抽样检验中，计数值数据是主要质量数据。计数值数据主要的分布形式是超几何分布、二项分布和泊松分布。

2. 工序控制中随机变量的数字特征

在工序控制中，能够反映随机变量某些特征的量被称为随机变量的数字特征。最重要的数字特征是随机变量的均值和方差。

3. 中心极限定理

计量值的随机变量一般服从正态分布，实际生产过程中服从其他分布的随机变量，在一定的条件下，也可以归结为服从正态分布的随机变量而进行研究。

中心极限定理表示 $n$ 个相互独立的同分布的随机变量之和的分布近似地服从正态分布。理论上可以证明，只要当 $n \geqslant 4$，就能保证较好的近似程度。所以，工序控制中的许多质量问题都能满足这个条件。

正是因为上述产品质量特性值概率分布理论的确立，为实施统计过程控制（SPC）奠定了理论基础，使工序质量在数理统计理论指导下进行生产过程中的质量控制成为可能，使客观准确地反映工序质量现状、达到事前预定的目的成为可能。

但在计算机技术未得到广泛应用前，SPC 理论还仅仅停留在理论阶段。到目前为止，我国广大企业真正采用 SPC 指导生产的还屈指可数，其原因一是数理统计理论本身的深奥，二是繁杂的数学运算应用到生产现场的困难，即可操作性不强。从另一角度来看，也为计算机技术的广泛应用留出了广阔空间。

### （三）产品质量变异的原因分析

产品质量的变异是不可避免的。由于产品质量是在生产过程中形成的，所以产品的质量因素 5M1E 必然是产生产品质量变异的重要因素。由于这些因素的综合作用决定着产品制造质量，其质量的高低由误差的大小反映，所以单就误差在一批加工对象所表现的规律来看，可以分为偶然性误差和系统性误差。误差的大小和方向的变化是随机的，称为偶然性误差；误差的大小和方向保持不变或者按一定的规律变化的，称为系统性误差。产生偶然性误差的原因称为偶然性因素，产生系统性误差的原因称为系统性因素。偶然性因素和系统性因素是产生产品质量变异的两大类因素。

偶然性因素的特点是数量很多，在加工中经常起作用，由于这些因素的来源和表现是多种多样的，大小和方向是随机的，并且各自对产品质量的影响都比较小，如机床的微小震动、原材料质量的微小变化、电网电压的微小波动、操作的微小差别等，由此产生的偶然性误差值围绕目标值忽大忽小，取值可正可负，这样尽管构成的原因很多，累加起来其正反作用大都能相互抵消，最终对产品质量的影响是微小的。

偶然性因素在现有的技术条件下，还没有办法消除，或者即使有办法消除，但由于花费的代价太大而不值得消除，因此，在加工过程中偶然性因素的存在是正常现象。

如果在加工过程中只存在偶然性因素的影响，则产品质量所表现出来的偶然性波动称为产品的正常波动。这时的生产过程处于稳定状态或统计控制状态。

系统性因素一般分为两种情况：一种是大小和方向保持不变；另一种是大小和方向按着一定规律（如周期性变化规律）变化。无论哪种因素都要引起产品质量的较大波动，这种波动称为产品质量的异常波动。当这种异常波动发生时，加工过程会明显地偏离产品技术要求，误差变大，废品增多，造成的损失比较大，是应当尽可能避免的。

在一般的加工过程中，往往偶然性因素和系统性因素同时存在，两者交织在一起。工序控制的主要目的就是，根据它们不同的特征和变化规律，利用数理统计的方法予以区别，使工序保持稳定状态。

### 三 工序抽样法的选择

工序控制的可靠性、可行性与工序抽样法的选择及应用有着必然的联系。无论是从提高生产率、保证产品质量角度，还是从提高经济效益、降低质量损失的角度来看，科学的抽样方法，决定了工序质量控制水平的高低，也就决定了工序质量控制系统的有效性和实用性程度。

#### （一）抽样法理论

1. 抽样误差及其影响因素

从生产过程中抽取样本的活动，称为工序抽样。工序质量控制过程就是不断进行工序抽样的过程。因为样本是总体中的一部分，而且往往是总体中很小的一部分，所以总会存在一定的"代表性"误差，这就是抽样误差。抽样误差是抽样检查所固有的，抽样误差的大小，对于所作的统计结论的可靠性影响很大，把抽样误差限制在尽可能小的范围之内，是选择抽样方法的主要出发点。

摆脱人工抽样的局限性，是设计开发工序质量控制系统的主要动力之一。以计算机技术、测量技术为主构建的工序质量系统，可根据生产现场情况不同、监控对象不同、控制的侧重点不同而采取灵活多样的抽样方式，甚至可做到全检与抽检的灵活转换。

影响抽样误差的因素一般有总体的均匀程度、样本的含量和抽样方法等。

总体均匀程度，是指构成总体的个体间的差异大小。对于工序控制来说，当工序处于稳定状态时，产品质量呈现一种偶然性波动，相对来说总体是比较均匀的。因而，抽样误差小，样本的代表性好。反过来，如果工序处于非稳定状态，产品质量因受系统因素的影响波动较大，这时，抽样误差大，样本的代表性差。

样本含量对抽样误差的影响也是十分明显的。如果样本含量大，则总体的规律性及其特点在样本中就能得到充分反映，因而样本的代表性就好，抽样误差就小。

一般来说，总体的均匀性，除了在某些特殊产品（如液态、气态产品）中可以达到较为理想的状态外，是很难一致的。因此，总体中个体间的差异是客观存在的。而样本含量 $n$ 的确定，还必须考虑检验费用的问题，也不能不适当地增加样本含量。在上述条件不变的情况下，影响抽样误差大小的主要是抽样方法。

2. 工序质量控制抽样方法设计与分析

在工序控制中，抽样方案的确定对工序控制具有极为重要的作用。现以 $\bar{X} - R$ 控制图为例来进行分析。

在使用控制图进行工序控制的过程中，抽样的目的在于及时发现工序加工过程的变动情况，因此，要求抽样活动与工序的加工过程密切结合。就是说，抽样活动必须与加工过程同步进行。在选择抽样的方式时，常以机械抽样为基础，吸收整群抽样的某些特点来组织抽样活动。这种抽样方式为，每次采取分组等间隔地抽取 $n$ 个（如4~5个产品）。

采用这种抽样方法的原因，一方面在设计 $\bar{X} - R$ 图时，为了使工序状态在图上能够得到充分反映，因而抽取的样本含量不能太小；另一方面为现场应用方便，一般是以极差 $R$ 来估计总体的 $\sigma$，要求 $n$ 又不能太大。

在实施中，每隔一定的时间，从工序加工出来的产品中连续抽取由 $n$ 个样品组成一个样本，计算其均值 $\bar{X}$ 和极差 $R$，分别在 $\bar{X} - R$ 图上描点。这实际上是对总体的均值 $\mu$ 和 $\sigma$ 进行一次统计推断，从而区分工序变动的偶然性因素和系统性因素。显然，整个工序状态是通过一组样品（一个样本）来反映的。而一组样品又表现为控制图中的一个点。因此，要求组内的变动要小，其差异是偶然性因素引起的，而系统性因素所产生的差异主要是通过组间变动来反映的，也就是由点之间的变动来反映的。从这个意义上讲，控制图是以组内变异为基础观察组间变动。

由于组成每个样本的 $n$ 个样品是在很短的时间间隔内生产出来的，因此，可以认为由这 $n$ 个样品所反映的组内变异有很大可能是由于偶然性因素造成的，而各个组间的差异则可能是由系统因素引起的。

在 $\bar{X} - R$ 图上，组间变动主要是通过 $\bar{X}$ 图上点的变动来反映的，组内变动是由 $R$ 图上点的变动来反映的，于是样本平均值的方差 $\sigma$ 可由下式给出：

$$\sigma = \frac{1}{n} \sum_{i=1}^{n} R_i$$

$\bar{X} - R$ 图所需的值可通过数据表求出。

由上可知，无论采用哪种数理统计方法，大量繁杂的数学计算是必不可少的，只有基于计算机技术的现代质量控制系统方能满足这一实时控制的基本要求。

## （二）抽样方法的实施

### 1. 抽样间隔时间的影响因素及其确定原则

所谓抽样间隔时间，就是指系统在实施工序质量控制中，相邻两次抽样的间隔时间的长短，它的确定不单纯由数理统计理论来决定，还要考虑现场中的其他因素，如生产过程的状态。当生产过程不稳定时，间隔的时间应该短些；当生产过程稳定时，间隔时间可以长些。在加工开始时，检查要频繁一些，间隔时间短些；而进入正常加工后，间隔时间可长些。此外，还要考虑工序的生产效率，如生产效率高，单位时间的产品大，其抽样的间隔时间要短些；反之，可以长些。

合理的抽样间隔时间，还必须考虑经济效果问题。当工序发生变化时，为了尽早发现问题，以减少废品损失，自然希望抽样间隔时间越短越好，但这就意味着抽样次数增多，检验工作量增大，检验费用增高。所以在确定抽样间隔时间时，应综合考虑上述两方面可能带来的后果。如果因工序异常变化而造成的损失，相对于检验费用高，那么，最好是每次抽取的样本含量少一些，而抽样的间隔要短些。例如，宁愿每隔半小时抽取一次，每次抽取 4 ~ 5 个，而不要每隔一小时抽取一次，每次抽取 8 ~ 10 个。

合理的抽样间隔时间，还经常根据加工积累的历史资料来确定，如已经掌握了刀具的磨损规律，那么，就可以根据规定的磨损标准时间，确定间隔时间或生产多少产品抽检一次。

另外，合理的抽样间隔时间，还要考虑抽样方法。在工序控制中，常采用的是系统抽样法。但是，这样做，应注意避免工序中某种规律性的异常变化与抽样间隔时间的同步，其结果必然降低控制图的灵敏度。

2. 样本含量的影响因素及其确定原则

一般说来，长间隔、大样本可以发现生产过程的较小变动，短间隔、小样本可以更快查明生产过程的较大变动。科学合理地确定抽样间隔时间和样本含量是一个比较复杂的技术经济问题，需要综合考虑各种因素，主要有以下几方面。

（1）生产过程的实际条件和控制方法的类型。生产过程的实际条件是指产品的工艺特点、生产的数量以及加工与测试的环境等，它们直接制约着样本含量的确定。在同样生产过程的实际条件下，样本含量又与所选的控制方法有关。

在控制图的选用时，如果所控制的生产过程可以提供较多的数据，并且所得到的数据又可以分组时，一般多利用 $\bar{X}-R$ 和 $\bar{X}-S$ 控制图。选用 $\bar{X}-R$ 图，样本含量一般不超过 20；选用 $\bar{X}-S$ 图，样本含量可以大于 20。

又如，有的生产过程，每次只能得到一个测定值或生产过程质量均匀（如液体浓度）不需要取多个样品，这时多利用 $\bar{X}-R$ 控制图，则样本含量可以少些。

（2）工序质量分布类型。大多数工序质量控制的方法是建立在数理统计理论基础上的，其基本的理论依据是正态分布。但通常很多总体分布并非正态分布，这些非正态的分布，只有当 $n \geq 4$ 时，样本均值的分布才可以近似地认为服从正态分布。所以，样本含量的确定应充分考虑这一要求。

另外，在工序控制中，常用 $\sigma$ 的无偏估计量。理论上可以证明，当 $n$ 较大时，其估计精度较差。因而一般应将 $n$

控制在 $2 \leqslant n \leqslant 10$ 的范围内。

显然，从工序质量分布角度看，上述两个方面的因素共同制约着 $n$ 的取值。

（3）工序质量控制的检出力。样本含量 $n$ 越大，工序质量控制的检出力就越大，控制图灵敏度就越高。但 $n$ 太大，检出力过于灵敏，必然过多地干预生产，造成不必要的停工损失。何况 $n$ 太大，在工序抽样中，组内变动很难说是由偶然因素引起的，因而可能造成过大的 $R$ 值，使控制约束界限趋于宽松，最终导致控制结论的有效性降低，反而不能准确地区分偶然性因素和系统性因素。

（4）经济效果。当样本含量 $n$ 小时，可以节省检验费用和检验时间，特别是对于价值高而又带有破坏性检验的产品尤其如此。但 $n$ 太小，又可能使第二类判断错误增大，所造成的经济损失也随之增大。

综上所述可知，要科学合理地确定抽样间隔时间和样本含量，就必须综合考虑上述诸因素的影响。

## 四　工序质量控制的形式

工序控制系统包括"传感器"和"执行器"两个部分。"传感器"是指检测评价产品实物质量的手段，这种手段可能是生产工人、检验人员或自动化仪器等；"执行器"是指任何根据信息采取的手段，形成闭合反馈回路，它可能是工人或自动化装置等。

工序质量控制的形式可分为以下三种。

### （一）人工工序控制形式

当工序自动化程度低，生产属多品种、小批量生产或少品种、大批量生产时，工序控制方式是由操作者自身对工序质量特性和工序要素应用一定检测手段检测，并根据检测结果进行判断、调整的。对于人工工序控制形式，操作工人既是"传感器"，又是"执行器"，对关键质量特性和支配性工序要素建立工序控制点，运用必要控制方法实施控制。

### （二）半自动工序控制形式

对于装置性工业企业，如石油、化工、医药等行业，品种少、产量大，工艺属连续流程性质，工序自动化程度高，一套装置固定生产一种或几种产品。工序质量特性常采用仪表自动检测和记录检测的信息自动反馈或人工反馈，自动化与人工调整相结合，并设置工序质量控制点。

### （三）自动化工序控制形式

适用于品种单一、自动化程度高的专业生产。特点是应用自动化仪器、设备和计算机对工序质量特性或工序要素进行在线自动检测、自动反馈、自动补偿调整。控制重点是"软件"程序和执行检测、调整的自动化机构。

## 第四节　质量控制的基本方法及工具

### 一　质量控制中的数据

#### （一）数据收集中的术语

1. 总体（母体）

是指提供数据的一个原始集合体，即研究对象的某种特性值的全体。根据收集数据的不同，总体可以是一个工序，或者是一个半成品，也可以是一个成品。总体的含量通常用 $N$ 表示。

2. 样本（子样）

样本是从总体抽出来的一部分。样本的性质能在一定程度上反映总体的性质。样本中的每一个单元叫样品。样本中的样品数可以是一个，也可以是多个。样本中所包含的样品数称为样本量，通常用 $n$ 表示。

3. 抽样（取样）

是指从整体中抽取样本的活动。在抽取中必须注意抽取的数据应能有效地反映问题的实质，也就是说要考虑如何抽取才能做到充分利用数据作出正确的判断。通常抽样有两种方法，可以根据不同目的采用不同的抽样方法。

（1）单纯随机抽样：是指一批产品中的每一件产品都能够以相等的概率被抽到，被抽出的部分对整体有代表性。单纯随机抽样多用于产品的验收检查。

具体方法有：抽签法：把产品混合均匀后任意抽取一件；投掷骰子法：把被抽取的一批产品事先编成号码，然后用特制的骰子（国际上有一种正 20 面体的骰子，分红、白、绿等颜色）进行投掷，取得号码后按号码取样；随机数表法：利用国际上通用的随机数表，以表中的随机数来决定被抽取的样品。

（2）间隔随机抽样：是按工艺进程，每隔一定时间连续抽取若干件产品样本。这样抽取的各个样本，代表着抽取时刻的工序状态。此法多用于工序控制。

**（二）数据种类**

质量控制中的数据可分为以下两类。

1. 计量值数据

计量值数据是具有连续分布性质的数据，或者说是可用量仪测量出来的数据。如长度、重量、硬度、成分等都属于计量值数据。

## 2. 计数值数据

计数值数据是不具有连续分布性质的数据，或者说是不能用量仪进行测量的数据。计数值只能用查数法进行收集，一般只取整数 1、2、3、…。计数值数据还可以进一步分为计件数据和计点数据。

（1）计件数据是根据某种质量特性对产品进行按件检查的数据。例如，一批产品中有多少件合格品、有多少件不合格品，有几件碰伤、有几件污损等。

（2）计点数据是反映一件产品中，某一种质量缺陷有多少的数据。例如，一件产品的电镀表面有多少麻点、一个铸件上有多少砂眼、一件产品的油漆表面有多少气泡等。

### （三）数据收集过程

收集数据要根据目的，从总体中收集。不论为了何种目的收集数据，首先要抽样。抽样（或称取样）有两种方法：

一是随机抽样。一批产品（即总体）里每一件产品都有相等的机会被抽到，样本具有代表性，多用于产品的验收。常用抽签法、随机数表法（按目前通用的数理统计随机数表抽取）以及掷骰子法等。

二是按工艺进程相隔、按时间连续抽样。该法是按时间顺序抽取的，只能代表这个时间的情况，只能反映抽样时工艺过程的状况，不能反映整批产品的状况。此方法多用于工序质量控制。

收集数据的目的大体有两种：工序控制和判断一批产品的质量。如要控制热处理中淬火工序，就应以经过淬火工序后的一批零件作为总体，从中抽取部分零件（半成品）进行检测，如检查硬度、裂纹、变形等，得到具体数据，经过判断得出结论，如有问题，再反馈到工序中采取措施以改进淬火工作。

如果要评价一件机械产品的质量，则需要考查该产品从下料到机械加工、热处理甚至包装各工序的质量是否合格，以及质量可以达到什么水平等。要评价一批产品的质量，则可从一批产品中抽取部分作为样品进行检测，得到数据来判断该产品的质量水平。

收集数据的目的不同，则收集数据的过程也不同，数据收集的过程可见图 1 - 1。

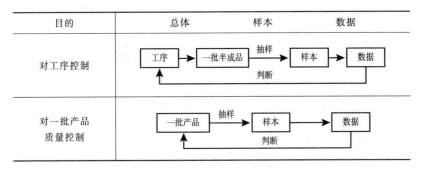

| 目的 | 总体 | 样本 | 数据 |
|---|---|---|---|
| 对工序控制 | 工序 → 一批半成品 | <抽样> 样本 | 数据 |
| 对一批产品质量控制 | 一批产品 | <抽样> 样本 | 数据 |

图 1 - 1　质量控制的数据收集过程

当目的是对工序控制时，应以工序为主，从工序中随机抽取一批半成品进行测试，取得数据，通过样本数据对工序进行判断，再将结果反馈到工序以改进工序的工作。若目的是为了判断一批已脱离工序的产品的质量优劣（合格与不合格）时，就应以一批产品为主体，从一批产品中随机取出一部分样本进行测试取得数据，再根据这批数据对总体（一批产品）的状况作出判断。

**（四）数据收集时的注意事项**

1. 必须明确收集数据的目的

因为数据是用以验证事实的。目的不同，收集的方法也不同，如果收集的数据不符合要求，就不能作为事实的数据化依据。

实施数据收集常有以下几种情况：以掌握现状为目的而收集数据，例如为了解工序状况、设备质量状况等；以分析问题为目的而收集数据，例如为分析次品产生的原因、产生的数量等；为检查自己和他人的工作质量而收集数据；为调查某项因素对产品质量的影响而收集数据；为判断产品质量而收集数据；等等。

2. 必须将数据分层

数据分层就是把收集起来的数据，按不同情况和生产条件分成两个以上的组，这样划分所得的组就是层。当把全体数据对象分为若干层时，每层内的数据要尽可能均匀。层与层之间的差别要尽可能大，而同一层的差别应尽可能小，这是分层的关键。

通常可按以下方法分层：按时间分：每天的早、中、晚班，每月上、中、下旬等；按操作人员分：新老工人、不同级别的工人、男女工人等；按操作方法分：不同的切削量、温度、压力，不同的工艺过程等；按原材料分：不同的供应商、不同的进料时间、不同的材料成分等；按检测手段分：使用通用或专用量具、采用自动或人工测量等；其他分类：不同的制造单位、使用单位，不同的使用条件、环境等。

3. 必须将数据加以整理

数据收集起来以后，要做进一步的整理。一般可采用频数表或直方图法进行数据整理。

## 二 常用的质量管理方法及控制工具

在质量管理中，经常要用到一些方法和工具。目前较常用的方法有分层法、排列图法、因果分析图法、调查表法、直方图法、散布图法和控制图法。

## （一）分层法

分层法是把收集来的原始质量数据，按照一定的目的和要求加以分类整理，以便分析质量问题及其影响因素的一种方法。分层法又称分类法，是质量管理中常用来分析影响质量因素的重要方法。

根据分层的目的，按照一定的标志加以区分，把性质相同、在同一条件下收集的数据归在一起。分层时，应使同一层的数据波动幅度尽可能小，而层间的差别尽可能大。

（1）按不同的操作者。如按新、老工人，男、女工人，不同工龄工人，操作技术水平高、低工人进行分类。

（2）按机器设备。如按不同型号、新旧程度进行分类。

（3）按原材料。如按不同的供料单位、不同的进料时间、不同的生产环境等分类。

（4）按操作方法。如按不同的切削用量、温度、压力等条件进行分类。

（5）按不同的时间。如按不同的班次、不同的日期进行分类。

（6）按不同的检验手段。如按不同的测量仪器、测量者进行分类。

（7）按产生废品的缺陷项目。如按铸件的裂纹、气孔等缺陷分类。

## （二）排列图法

排列图又称主次因素分析图或帕累托（Pareto）图。它是用来找出影响产品质量主要因素的一种有效工具。排列图是由两个纵坐标、一个横坐标、若干个直方块和一条折线构成的。

排列图的横坐标表示影响产品质量的因素或项目，按其影响程度大小，从左到右依次排列；图的左纵坐标表示频数（如件数、金额、工时、吨位等）；右纵坐标表示频率（以百分比表示）；直方块的高度表示某个因素影响的大小，从高到低，从左到右，按顺序排列；折线表示各影响因素大小的累计百分数，是由左到右上升的，这条折线就称为帕累托曲线。

一般，把因素分成 A、B、C 三类：A 类，累计百分数在 80% 以下的诸因素；B 类，累计百分数在 80% ~ 90% 的诸因素；C 类，累计百分数在 90% 以上的诸因素。

1. 排列图的制作步骤

排列图的制作步骤如图 1 - 2 所示。

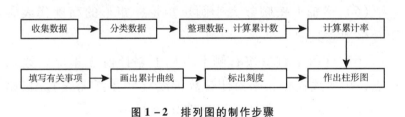

图 1 - 2　排列图的制作步骤

（1）确定所要调查的问题和收集数据。

（2）设计一张数据记录表，将数据填入其中，并计算合计栏。

（3）制作排列图的数据表，表中列有各项不合格类型及不合格数、累计不合格数、各项不合格所占比率、累计比率。某铸件质量检验的排列图数据表见表 1 - 2。

表 1 - 2　某铸件质量检验的排列图数据表

| 不合格类型 | 不合格数 | 累计不合格数 | 比率(%) | 累计比率(%) |
|---|---|---|---|---|
| 弯曲 | 104 | 104 | 52 | 52 |
| 擦伤 | 42 | 146 | 21 | 73 |
| 砂眼 | 20 | 166 | 10 | 83 |
| 断裂 | 10 | 176 | 5 | 88 |
| 污染 | 6 | 182 | 3 | 91 |
| 裂纹 | 4 | 186 | 2 | 93 |
| 其他 | 14 | 200 | 7 | 100 |
| 合计 | 200 | — | 100 | — |

　　（4）画两根纵轴和一根横轴。在左边纵轴上标上件数（频数）的刻度，最大刻度为总件数（总频数）的刻度；在右边纵轴上标上比率（频率）的刻度，最大刻度为100%。左边总频数的刻度与右边总频率的刻度（100%）高度相等。在横轴上将频数从大到小依次列出。

　　（5）横轴上按频数大小画出矩形，矩形的高度代表各不合格项频数的大小。

　　（6）在每个直方块右侧上方标上累计值（累计频数），描点，用实线连接，画累计频数折线（帕累托曲线）。根据表1-2中的数据制作出的排列图如图1-3所示。

　　2. 绘制排列图时的注意事项

　　（1）要做好因素的分类。

　　（2）主要因素不能过多。

　　（3）数据要充足。

　　（4）适当合并一般因素。

　　（5）合理选择计量单位。

　　（6）重画排列图用以做比较。

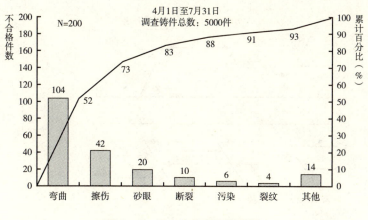

图 1 - 3 不合格品项目排列图

3. 排列图法的适用范围

适用于各行各业以及各个方面的工作改进活动。也可以结合使用分层法与排列图法。

**（三）因果分析图法**

因果分析图也叫特性因素图（也称鱼刺图或石川图），是整理和分析质量问题（结果）与因素之间因果关系的一种工具。它形象地表示了探讨问题的思维过程，通过有条理的逐层分析可以清楚地看出"原因－结果""手段－目标"的关系，使问题的脉络完全显示出来。

因果分析图的基本格式由特性（质量问题）、原因、枝干三部分构成。如图 1 - 4 所示。

1. 因果分析图的制作步骤

（1）确定分析对象。把要分析的质量特性问题填入主干线箭头指向的方块中。

（2）记录分析意见。把大家针对质量特性问题所提出的各种原因，用长短不等的箭线列在主干线的两侧。属于大

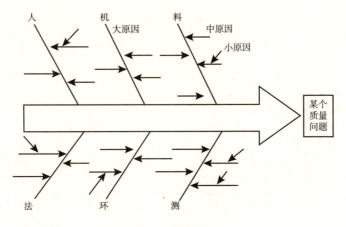

图 1-4 因果分析图

原因的，用较长的箭线指向主干线；属于某大原因内次一级的中原因的，用略短的箭线指向该大原因的箭线；属于小原因的箭线指向与它关联的中原因箭线。

（3）检查有无遗漏。即对所分析的种种原因检查一下，看有无遗漏，若有遗漏可及时补上。

（4）记下必要事项。注明绘图者、参加讨论分析人员、时间等可供参考的事项。

2. 绘制因果分析图时的注意事项

（1）问题尽量具体、明确，有针对性。

（2）集思广益。

（3）分析到能采取具体措施为止。

（4）主要原因的确定。

（5）对关键因素采取措施后，再用排列图等方法来检验其效果。

**（四）调查表法**

调查表法是利用统计表来进行数据整理和粗略原因分析

的一种方法，也叫检查表法或统计分析表法。

调查表法是最基本的质量原因分析方法，也是最为常用的方法。在实际工作中，经常把调查表法和分层法结合起来使用，这样可以把可能影响质量的原因调查得更为清楚。需要注意的是，调查表法必须针对具体的产品，设计出专用的调查表进行调查和分析。

常用的调查表类型包括缺陷位置调查表、不良项目调查表和不良原因调查表。

1. 缺陷位置调查表

若要对产品各个部位的缺陷情况进行调查，可将产品的草图或展开图画在调查表上，当某种缺陷发生时，可采用不同的符号或颜色在发生缺陷的部位上标出。若在草图上划分缺陷分布情况区域，可进行分层研究，分区域要尽可能等分。缺陷位置调查表的一般格式可参照表 1 - 3。

表 1 - 3 缺陷位置调查表

| 名称 | | | 尘粒 | | 日期 | |
|------|------|--------|------|--------|--------|---|
| 代号 | | 调查项目 | 流漆 | | 检查者 | |
| 工序名称 | 喷漆 | | 色斑 | | 制表者 | |

(简图位置)

2. 不良项目调查表及不合格品统计调查表

用于调查产品质量发生了哪些不良情况及各种不良情况的比率大小。以内燃机车修理厂柴油机总装工段一次组装不合格的返修为例，作出产品不良项目调查表，见表 1 - 4。

**表 1-4 产品不良项目调查表**

| 名称 | 柴油机 | 项目数 | 7 | 日期 | 年 月 日 |
|---|---|---|---|---|---|
| 代号 | | 不良件数 | 208 | 检查人 | |
| 工段名称 | 总装工段 | 检查数 | 310 | 制表人 | |
| 返修项目名称 | 频数 | | 小计 | 占返修比率(%) | |
| 气缸内径超差 | | | 72 | 34.6 | |
| 进水管漏水 | | | 46 | 22.1 | |
| 凸轮轴超差 | | | 30 | 14.5 | |
| 阀座漏水 | | | 24 | 11.5 | |
| 出水管漏水 | | | 12 | 5.8 | |
| 螺纹处漏水 | | | 10 | 4.8 | |
| 其 他 | | | 14 | 6.7 | |
| 总 计 | | | 208 | 100 | |

**3. 不良原因调查表**

此调查表用于弄清楚各种不良品发生的原因，需要按设备、操作者、时间等进行分层调查，填写不良原因调查表，见表 1-5。

**表 1-5 不良原因调查表**

| | 年 月 日 | |
|---|---|---|
| 品 名 | 工厂名 | |
| 工序:最终检验 | 部门 | 制造部 |
| 不合格种类 | 检验员 | |
| 检查总数:2530 | 批号 | 02-8-6 |
| 备注:全书检验 | 合同号 | 02-5-3 |
| 表面缺陷 | 正正正正正正正一 | 36 |
| 砂眼 | 正正正正 | 20 |
| 加工不合格 | 正正正正正正正正正一 | 46 |
| 形状不合格 | 正 | 5 |
| 其他 | 正正 | 10 |
| | 总计 | 117 |

**（五）直方图法**

直方图法是从总体中随机抽取样本，将从样本中获得的数据进行整理，从而找出数据变化的规律，以便测量工序质量的好坏。直方图是常用的质量管理工具。

1. 直方图作图步骤

（1）收集数据。数据个数一般为 50 个以上，最少不少于 30 个。

（2）求极差 $R$。在原始数据中找出最大值和最小值，计算二者的差就是极差，即 $R$ = 最大值 – 最小值。

（3）确定分组的组数和组距。组距 $h$ 为极差 $R$ 除以分组数 $K$，即 $h = R/K$。一批数据究竟分多少组，通常根据数据个数的多少来定，可参考表 1 – 6。

表 1 – 6　直方图分组数

| 数据个数 | 分组数 $K$ |
| --- | --- |
| 50 ~ 100 | 6 ~ 10 |
| 100 ~ 200 | 7 ~ 12 |
| 250 以上 | 10 ~ 20 |

（4）确定各组界限。分组界限应能够包括样本数据的最大值和最小值。第一组的下界限值为最小值，加上组距 $h$ 就是第一组的上界限值，也就是第二组的下界限值，第二组的下界限值加上组距就是第二组的上界限值，也就是第三组的下界限值，依此类推，可定出各组的组界。为了计算的需要，往往要决定各组的中心值。每组的上下界限值相加除以 2，所得数据即为组中值。组中值为各组数据的代表值。

（5）制作频数分布表。将测得的原始数据分别归入相应的组中，统计各组的数据个数，即频数，各组频数填好以后检查一下，避免重复或遗漏。

（6）画直方图。以横坐标表示质量特性，纵坐标表示频数，在横轴上标明各组组界，以组距为底，频数为高，画出一系列的直方柱，就成了直方图。

（7）在直方图的空白区域记上有关的数据资料，如样本数、平均值、标准差等。

2. 常见直方图类型

（1）标准型（对称型）。数据的平均值与最大和最小值的中间值相同或接近，平均值附近的数据频数最多，频数从中间值向两边缓慢下降，并且以平均值为中心左右对称。这种形状是最常见的。

（2）锯齿型。作频数分布表时，如分组过多，会出现此种形状。另外，当测量方法有问题或读错测量数据时，也会出现这种形状。

（3）偏峰型。数据的平均值位于中间值的左侧（或右侧），从左至右（或从右至左），数据分布的频数增加后突然减少，形状不对称。

（4）陡壁型。呈递减规律的拖尾巴形态。平均值往往左离或右离直方图中间值。在质量特性上并没有问题，但应进一步分析技术上是否可以接受，如工具的松动或磨损也会出现拖尾巴的情形。

（5）平顶型。当几种平均值不同的分布混在一起，或某种要素缓慢变化时，常出现这种形状。

（6）双峰型。靠近直方图中间值的频数较少，两侧各有一个"峰"。当有两种相差大的平均值的分布混在一起时，常出现这种形状。

（7）孤岛型。在标准型的直方图的一侧有一个"小岛"。出现这种情况是夹杂了其他分布的少量数据，如工序异常、测量错误或混有另一分布的少量数据。

图1-5给出了直方图各种类型的形状。

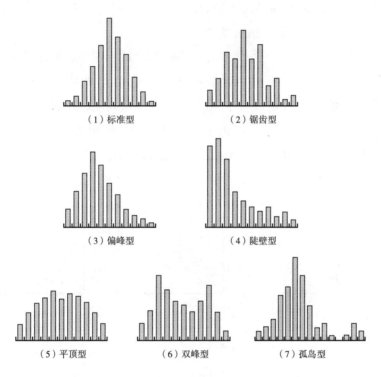

（1）标准型　（2）锯齿型　（3）偏峰型　（4）陡壁型　（5）平顶型　（6）双峰型　（7）孤岛型

图1-5　直方图的各种类型的形状

## （六）散布图法

散布图（相关图）是通过分析研究两种因素的数据关系，来控制影响产品质量的相关因素的一种有效方法。相关关系一般可为：原因与结果的关系、结果与结果的关系和原因与原因的关系。

用相关图法，可以应用相关系数、回归分析等进行定量分析处理，确定各种因素对产品质量影响程度的大小。如果两个数据之间的相关度很大，那么可以通过对一个变量的控制来间接控制另外一个变量。

通过对相关图的分析，可以帮助我们肯定或者否定关于两个变量之间可能关系的假设。

1. 两个变量的相关类型

在相关图中，两个要素之间可能具有非常强烈的正相关，或者弱的正相关。这些都体现了这两个要素之间不同的因果关系。一般情况下，两个变量之间的相关类型主要有六种：强正相关（a）、弱正相关（b）、强负相关（c）、弱负相关（d）、不相关（e）以及非线性相关（f），如图 1 - 6 所示。

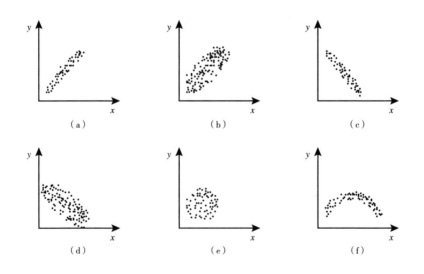

**图 1 - 6  两变量之间的相关关系**

2. 散布图的作图步骤

（1）确定研究对象。研究对象的选定，可以是质量特性值与因素之间的关系，也可以是质量特性值之间的关系，或因素与因素之间的关系。

（2）收集数据。一般需要收集成对的数据 30 组以上，同时要记录收集数据的日期、取样方法、测定方法等有关事项。

（3）画出横坐标 $x$ 与纵坐标 $y$，增加特性值标度。一般横坐标表示原因特性，纵坐标表示结果特性。进行坐标轴的标度时，应先求出数据 $x$ 与 $y$ 的各自最大值与最小值。划分间距的原则是：应使 $x$ 最小值至最大值的距离，大致等于 $y$ 最小值至最大值的距离。其目的是避免因散布图做法不合适而导致判断的错误。

（4）根据数据画出坐标点。按 $x$ 与 $y$ 的数据分别在横、纵坐标上取对应值，然后分别引出平行于 $y$ 轴与 $x$ 轴的平行线，其交点即为所求的坐标点。

3. 绘制散布图时的注意事项

（1）作散布图时，要注意对数据进行正确的分层，否则可能作出错误的判断。

（2）对明显偏离群众的点，要查明原因。对被确定为异常的点要剔除。

（3）当收集的数据较多时，难免出现重复数据。在作图时为了表示这种情况，在点的右上方标明重复次数。

（4）由相关分析所得的结论，仅适用于试验的取值范围内，不能随意扩大适用范围。

**（七）控制图法**

控制图法是 1924 年由美国的休哈特（W. A. Shewhart）首创的，是质量控制常用的七种工具之一。控制图是判断和预报生产工序中质量状况是否发生异常波动的一种有效的方法。控制图是对过程质量特性值进行测定、记录、评估和监察，看过程是否处于控制状态的一种用统计方法设计的图，它是过程质量控制中最常用的统计技术。

目前，列入 ISO 8258：1991 和 GB/T 4091 – 2001 的控制图称为常规控制图，这种控制图的质量特性值基于正态分布、二项分布和泊松分布，常规控制图的类型见表 1 – 7。此外，当质量特性值不服从常规分布，非常规控制图应运而生，此内容见本书后面章节。

表 1 – 7　常规控制图类型

| 数　据 | 分　布 | 控制图 | 简记 |
|---|---|---|---|
| 计量值 | 正态分布 | 均值 – 极差控制图<br>均值 – 标准差控制图<br>中位数 – 极差控制图<br>单值 – 移动极差控制图 | $\overline{X} – R$ 控制图<br>$\overline{X} – S$ 控制图<br>$Me – R$ 控制图<br>$X – R_s$ 控制图 |
| 计件值 | 二项分布 | 不合格品率控制图<br>不合格品数控制图 | $P$ 控制图<br>$nP$ 控制图 |
| 计数值 | 泊松分布 | 单位缺陷数控制图<br>缺陷数控制图 | $U$ 控制图<br>$C$ 控制图 |

## 第五节　质量管理与质量控制的基础工作

质量管理及控制的基础工作大致分为五个方面：质量教育培训工作、标准化工作、计量工作、质量信息工作、质量责任制工作。

### 一　质量教育培训工作

质量教育培训工作可分为两方面内容，一方面是全面质量管理知识的宣传普及教育，另一方面是技术业务培训教育，二者不可偏废。全面质量管理知识的宣传普及教育，可采取"分层施教，因人制宜，抓住重点，联系实际"的方法进行。对企业的各级领导干部要进行重点教育，使他们懂得全面质量管理的重要意义，掌握全面质量管理的基本概念，达到基本弄懂、大体掌握，能够从思想上引起重视；对技术干部、管理人员要进行系统教育，使他们能够重点掌握全面质量管理的原理和方法，达到会算、会看、会用、会干；对一般工人要进行普及教育，提高他们的质量意识，使他们掌握基本知识，运用生动活泼、通俗易懂、深入浅出的教材，联系实际，进行教育。技术业务培训教育可采用岗位练兵、技术操作表演、劳动竞赛及举办各种技术培训班、讲座等方法进行。

## 二　标准化工作

标准化工作主要指制订标准、组织实施标准和对标准的实施进行监督检查。一个完整的标准化体系应包括生产标准和企业管理标准。对于企业来说，从原材料进厂到产品生产、销售等各个环节都要有标准，不仅有技术标准，而且还要有管理标准、工作标准等。标准一方面是衡量产品加工生产和工作质量的尺度，另一方面也是企业进行技术管理、质量管理工作的依据。全面质量管理，乃至整个企业的管理工作都离不开标准。

企业开展标准化工作，应注意几个问题：一是严肃性，标准一经制订，即应严格执行；二是广泛性，要靠群众、技术人员、管理人员在总结经验的基础上自己来制订、修订和完善；三是科学性，标准是科学经验的总结，既不能朝令夕改，又不能一成不变；四是连贯性，各部门、各生产过程的标准要连贯一致，互相联系，成龙配套，而不能互相掣肘；五是明确性，标准要成文成册，内容明确，要求具体。

## 三 计量工作

计量工作是正确评定产品质量的依据，而计量标准，又是其他各项标准的基础。搞好计量工作，应抓好几个环节：一是要正确使用计量器具，要教育职工爱护计量器具、设备，并加以妥善保管，遵守操作规程，建立健全计量器具的使用责任制，使计量器具得以正确合理使用，保证质量的准确统一；二是要严格计量器具的检定制度，定期按照国家检定规程的检定项目和方法进行检查、鉴定，内容包括入库检定、入室检定、周期检定、返还检定；三是要改进落后的计量工具和测试手段，逐步实现检测手段、计量技术的现代化；四是要设立专门的计量管理机构，配备专兼职的计量工作人员。有关材料的计量工作还包括理化工作即性能测试、化学成分分析等工作。

## 四 质量信息工作

质量信息工作是指反映产品质量和产、供、销以及服务等各个环节质量活动中的各种数据、报表、资料、文件以及企业外部的有关情报资料等，质量信息是一种重要的资源。通过收集有关质量信息情报，可以及时掌握产品质量或服务质量的各种因素和生产技术、经营活动的动态，产品的使用状况，国内外产品质量及市场需求的发展动向。质量信息是改进产品质量、改善各环节工作质量最直接的原始资源和信息来源。对于组织而言，质量信息包括组织内部和组织外部两个质量信息反馈系统。

为了使质量信息工作在质量管理中发挥作用，组织应正确认识影响质量各因素变化和质量波动的内在联系，掌握和提高产品质量（或服务质量）的规律。首先，建立组织的信息中心和信息反馈系统；其次，质量信息要实行分级管理，而且要有专人负责，特别要抓好最基层的管理，认真做好原始记录并及时上报；最后，要有一定的考核制度，只有这样才能保证信息系统的正常运行。为充分发挥质量信息的作用，在收集信息时要注意三点：①要保证质量信息的准确、及时、全面；②要做好收集、整理、筛选、分类、建档工作，并实行科学管理，便于使用；③要建立质量信息卡片、台账和档案。

质量信息工作主要包括：一是产品实际使用过程中有关质量的原始记录和原始数据等。

二是制造和辅助过程中有关工作质量和产品质量方面的信息、记录和数据等情报资料。包括：①每批原材料（含外购、外协件）进厂质量验收记录、库存保管发放记录、使用前检验记录、质量样本等；②生产过程的工艺操作记录、制品在工序间流转记录和质量检验记录、半成品出入库记录、工序控制图表及其原始记录等；③成品质量检验记录、废品原因和数量记录；④设备和工装等的使用验证与磨损记录；⑤测试、计量仪器使用和检修记录。

三是生产同类产品的其他企业的质量情报。

## 五 质量责任制工作

全面质量管理涉及企业的各个部门、各个单位甚至每一个职工。如果责任不明确，会造成质量无人负责，出了问题找不到责任者，查不清影响质量问题的原因。因此，建立健全质量责任制是全面质量管理最重要的基础工作。

建立质量责任制，是对企业每个人都明确规定在质量管理工作中的具体任务、责任和权利，使质量工作达到事事有人管、人人有专责、办事有标准、工作有检查和考核、职责明确功过分明，真正把与质量有关的各项工作和全体职工的积极性结合起来，使企业形成一个严密的、高效的质量管理责任系统。

建立质量责任制要明确以下四点：一是要明确企业主要领导对产品质量的全部责任和总工程师对产品质量中重大技术问题的责任；二是要明确基层单位对产品质量的直接生产责任；三是要明确各职能机构对组织好本部门质量管理工作的责任制；四是要明确每个岗位、每位员工按制度、标准办事以及为保证质量所承担的工作责任。全面质量管理是全员性的管理，因此，企业的全体职工都要掌握应用全面质量管理的知识和方法，从某种意义上来讲，有了共同的知识，才能有共同的语言，有共同的语言才能有共同的思想和行动，才能上下一条心，使全面质量管理不断深化和持久。

严格的质量责任制不仅可以提高与产品质量有直接联系的各项工作质量，而且可以提高企业各项专业管理工作的质量。这样就可以从各个方面把质量隐患消灭在萌芽之中，杜绝产品质量问题的出现。所有这些都为提高产品质量提供了基本保证，所以建立质量责任制也是质量控制工作的基础之一。

## 第六节　质量管理与质量控制的观念

质量管理与质量控制是随质量问题的产生而产生，随质量观念的变化而变化的。20 世纪人类进入现代工业时代后，质量管理大体经历以下发展过程，见表 1 - 8。

表 1 - 8 20 世纪质量管理运动的 4 个发展过程

| 形成年代 | 质量管理与质量控制的发展历程 |
| --- | --- |
| 20 年代 | 泰勒——检验质量管理(Inspecting Quality Control,简称 IQC) |
| 40 年代 | 休哈特——统计质量管理(Statistical Quality Control,简称 SQC) |
| 60 年代 | 费根堡姆——全面质量管理(Total Quality Control,简称 TQC) |
| 80 年代 | ISO 9000 族国际标准 |

由表 1 - 8 可知：质量管理在不断总结经验、不断吸取其他学科知识的基础上，逐渐向规范化、体系化发展。

与质量概念一样，对质量管理概念也有不同的认识和理解，如表 1 - 9 所列。

表 1 - 9 质量管理与质量控制的理念演变

| 提出者 | 具体内容 |
| --- | --- |
| 费根堡姆(美国) | 考虑到要使消费者完全满意而在最经济的水平上进行生产,提供服务,企业各部门在质量的开发、质量的保持及质量的改善上所作努力的有效体系 |
| 石川馨(日本) | 有关经营的一种新的想法和看法,使开发、设计、生产、销售(服务)的是最经济的、最有用的而且购买者满意的产品,为了达到这个目的,整个企业都要同心协力,建立一个适合各部门共同努力的组织,进行标准化 |
| ISO 9000 系列标准版 (2000 版) | 在质量方面指挥和控制组织的协调活动,通常包括制定质量方针和质量目标、质量策划、质量控制、质量保证和质量改进 |

从表 1 - 9 可见，虽然质量管理与质量控制的理念表述不一，但却把质量管理作为一种有效运行的体系；作为系统论、控制论、信息论、标准化等方法的集合，该系统的目标

是产品质量与经济性。

目前存在欧美"质量控制"及日本"质量改进"两大理论体系，虽然不同的质量管理学派在驱动机制、经营思想、质量管理中的主体定位、对待目标管理的态度及具体做法等方面有很大的差别，但管理的目标却完全一致，即提高产品质量，使消费者满意。正是因为这种观念的升华，才使质量管理的技术得以不断改进、提高和完善。

## 第七节　本章小结

本章从质量及质量管理的基本概念出发，重点介绍了工序质量控制的基本理论、常用方法及基本工具。本章第一节介绍了质量概念的发展历程，重点强调"大质量"观的特点；第二节介绍了与质量和质量管理有关的术语及概念；第三节重点阐述工序质量控制的理论及方法，包括影响工艺质量的因素、质量控制点工序质量波动的原因、工序抽样法等内容；第四节介绍了若干质量方法、工具及其应用；第五节简略介绍了质量控制的几项基础工作；第六节介绍了质量控制理论的演变过程。

# 第二章
# 控制图原理与模糊质量控制

## 第一节　统计过程控制

早在 20 世纪 20 年代，贝尔电话实验室（Bell Telephone Laboratory）就成立了以休哈特为学术领导人的过程控制（Process Control）研究组和以道奇（H. F. Dodge）为学术领导人的产品控制（Product Control）研究组。经过研究，休哈特提出了过程控制理论以及监控过程的工具——控制图，第一张控制图是休哈特在 1924 年 5 月 15 日提出的不合格品率（P）控制图。而道奇与罗米格则提出了抽样检验理论和抽样检验表。这两个研究组的研究工作的影响是极其深远的。

从质量控制理论的发展史来看，休哈特可称为统计过程控制 SPC（Statistical Process Control）的奠基人。在 20 世纪 20 年代休哈特创建了过程控制理论，通过总结在 1931 年出版了一本划时代的名著：《工业产品质量的经济控制》（*Economic*

*Control of Quality of Manufactured Products*）。这本名著堪称不朽之作，因为在它出版半个世纪之后的 1980 年仍在美国再版，可见该书的学术价值。休哈特这本名著的出版标志着质量管理发展史上统计质量管理时代的开始。

统计过程控制就是应用统计技术对过程中的各个阶段进行监控与诊断，从而达到改进与保证产品质量的目的。这里的统计技术泛指任何可以应用的数理统计方法，以控制图理论为主。统计过程控制理论的研究虽是从加工过程开始的，但其研究成果适用于各种过程，如设计过程、管理过程、流程式生产。

常规控制图亦称休哈特控制图，简称休哈特图。本章首先从控制图原理开始，分析常规控制图的设计思想，给出判异与判稳准则，对控制图在实施过程中的两个重要阶段，即分析用控制图阶段和控制用控制图阶段进行分析，有选择地介绍常规控制图中的几种常用的控制图；然后，引入模糊质量控制的相关理论。事实上，随着时代的进步，有些控制图已经可以淘汰了，新的更加适用的控制图不断出现，进行着质量改进。

## 第二节　统计控制过程及其异常

休哈特的贡献在于应用，他所提出的过程控制理论能够在生产线上科学地保证预防原则的实现。在产品的制造过程中，产品质量特性值总是波动的。休哈特将这种波动分成两大类，即偶然波动与异常波动。偶然波动由偶然因素（简称偶因）造成，异常波动由异常因素（简称异因）造成。

## 一　质量异常及其属性

质量异常就是质量控制过程检测到的或由质量专家评估认定的质量指标偏离正常范围的情形。在应用控制图实施过程质量控制时，质量异常是指控制图点的异常排列情形。

质量控制过程的异常包含如下属性。

### （一）异常诱发异因

即引发质量异常的可能因素。造成制造过程质量波动的原因主要是 5M1E（Man，Machine，Material，Method，Measurement，Environment）。

### （二）异常参量

即控制图点所描述的质量特性指标对应的物理量，如规格尺寸、精度、灵敏度、振动、噪声、效率、外观质量等，不同种类的产品有不同的要求。上述参量值超出了规定的范围，即表明质量控制过程发生了异常。

### （三）异常症状

即异常参量超出了规定的范围，且被人们观测到的现象。它是异常的外在表现。

### （四）异常信息

即反映质量控制过程异常状况的特征信息。异常症状显然是异常信息。设备的异常现象、报警信号、系统测试分析结论、设备的使用期限、维护保养状况、运行及修理记录等在一定的条件下也是异常信息。异常信息及其与异常的某种对应关系，是异常诊断的起点和依据。

### （五）异常范围

即异常的涉及面。有的异常是单一性的，有的异常是并发性的。前者是由个别因素异常引起的结果，后者涉及多种因素，对于复杂制造过程而言，后者更为常见。

### （六）异常强度

即异常的严重程度，表现为质量指标与规格之间的偏离程度。严重异常强度高，轻微异常反之。质量监控过程中应注意发现异常趋势，避免严重异常发生，轻微异常信息量不充分、不明显，异常分析诊断的难度要大。

### （七）劣化速度

即异常发生与发展的速度。有的异常是突然产生的，有的则是逐步渐进发展的。对于突发型异常，应注意掌握异常的预兆。对于渐变型异常，应长期监测，弄清其发展趋势。

### （八）异常时效

即异常的持续状况。有的异常是暂时的、间断性的、时有时无的；有的异常一旦出现只有在修理或更换了零件之后才能恢复功能，这类异常是永久性异常或故障。暂时性异常的原因在制造过程外部，永久性异常的直接原因在制造过程内部。

### （九）异常频率

即异常出现的频繁性。有的异常经常出现，有的异常偶尔出现。对经常出现的异常，应考虑采取有力措施消除其产生的根本原因。偶发性异常分析起来要困难得多。

## 二 质量控制过程及其异常特点

质量控制过程及其异常具有下列特点。

### （一）质量指标的模糊性

对于制造过程质量的评价，存在许多语言性描述，如质量等级的优、良、中、差等，使常规的定量质量控制方法难以适用。

### （二）异常诱发异因的隐蔽性

质量控制过程存在大量的不确定性模糊质量异常描述，在过程终端——产品身上反映出来的异常，其诱发异因分散于过程的每道工序及每一个 5M1E 点上，由于检测技术的限制及异因本身的模糊属性，任何制造过程都不可能将所有的质量相关因素纳入监测体系。在多数场合，对现场质量工程师的经验判断依赖较大，造成异常诱发异因定位的复杂性。

### （三）交错性

质量控制过程的异常症状与原因之间存在各种各样的重叠与交叉。一个症状有多种可能的原因：一个症状也可能同时由多个异常源叠加起来形成。对于一个症状有多种可能原因的情形，应采取有效手段剔除其存在的原因：对于一个异常源产生多个症状的情形，可利用多个症状的组合去确定异常源；对于叠加现象，应全面考虑影响因素，分清各因素作用的主次轻重。

### （四）随机性

在质量控制系统运行过程中，受到各种各样随机性因素的影响，异常具体发生点及变化方向不确定，引起判断与定量分析的困难。

此外，质量控制作用的对象为制造过程，属于非线性时变系统，基于精确数学模型的异常诊断方法在工业生产现场难以实际应用，相比之下，基于知识、经验和模糊推理的人工智能诊断方法效果会更好。

## 第三节　控制图基本理论

控制图方法是质量管理的基本工具之一，也是质量控制的有效工具。为了更全面地描述控制图方法的产生及应用价值，以及本书研究主体——模糊控制图的研究内容，本部分将首先从质量管理的发展史入手，然后逐步聚焦控制图理论，以期形成完整的研究思路。

2000 年版 ISO 9000 标准对质量管理的定义为"在质量方面指挥和控制组织的协调的活动"。因此，质量管理活动包括质量策划、质量控制、质量保证和质量改进，其中质量控制的主要目的是采取各种手段满足策划的质量要求，其中最重要的工具就是控制图方法。

## 一　控制图方法的产生

质量管理的发展经历了质量检验、统计过程控制和全面质量管理三个阶段。20 世纪初，美国工程师泰勒（Taylor）提出一套"科学管理"理论，该理论提出管理人员与工人进行合理分工，因此在计划职能与执行职能分工后，加入了检验环节，检验人员从工人中分离出来。这一阶段就是质量检验阶段，主要通过检验的方式来控制和保证产出或转入下道工序的产品的质量。但随着生产规模的扩大，在大批量生产情况下，单靠质量检验存在局限性。首先，"事后把关"仅是分离不合格品，不能起到预防和控制的作用；其次，尤其是需要进行破坏性试验的检验，经济上成本过大，以及由于技术的原因，某些产品质量特性不可能被全数检验时，难以保证产品质量；最后，在具体管理上，也出现一些问题。

因为质量检验不是一种积极的质量管理方式，统计学家和质量专家注意到质量检验的弱点，并试图用数理统计学的方法解决质量问题。美国工程师休哈特运用统计学原理开发了表征工序能力的"$\pm 3\sigma$ 法"和控制图理论，另一位工程师道奇提出了抽样检验理论，标志着质量管理进入了统计过程控制阶段。这一阶段质量管理的重点是确保产品质量符合规范和标准，特点是在产品生产过程中广泛使用抽样检验，并利用控制图对产品质量失控的情况报警，以便及时采取措施，避免不合格品再次被生产出来。

费根堡姆博士于 1961 年在其《全面质量管理》一书中首次提出全面质量概念，并进行了系统的阐述。其含义是，产品质量的形成过程不仅与生产过程密切相关，还与其他管理环节和因素相关。这就是质量管理的第三阶段——全面质量管理（TQM）阶段。在这一阶段，提倡全员参与、全过程的质量、全企业的质量管理活动，以及各种质量管理工具和方法的应用。

其中，统计过程控制是质量管理的核心内容，控制图是对过程质量特性值进行测定、记录、评估和监察，看过程是否处于控制状态的一种用统计方法设计的图，它是过程控制常用的七种工具之一，是过程质量控制中最常用的统计技术。

控制图是利用概率统计原理，作出带有控制界限的曲线图，这条曲线是由按时间顺序抽样得出的特性值所组成的，它反映了过程趋势。随着科学技术的发展，控制图在质量控制中的地位越来越显著。

## 二 控制图的构成

控制图是对过程质量加以测定、记录并进行控制管理的一种用统计方法设计的图。图上有中心线（Central Line，CL）、上控制线（Upper Control Line，UCL）和下控制线（Lower Control Line，LCL），并有按时间顺序抽取的样本统计数值的描点序列，参见图 2-1。CL、UCL 与 LCL 统称为控制线（Control Line）。若控制图中的描点落在 UCL 与 LCL 之外或描点在 UCL 与 LCL 之间的排列不随机，则表示出现了异常。

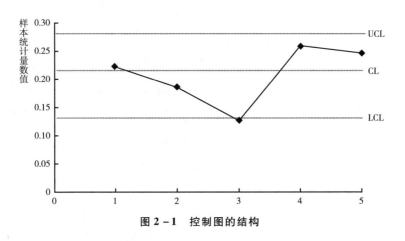

**图 2-1　控制图的结构**

　　直方图作为质量控制工具，用于数据分组。数据越多，分组越密，则直方图也越趋近于一条光滑曲线，如图 2-2 所示。对于连续型数据最常见的分布为正态分布，此光滑曲线即概率密度曲线，其特点为中间高、两头低，左右对称并延伸到无穷。

　　对于正态分布，最简单的莫过于用其两个参数：均值 $\mu$ 与标准差 $\sigma$ 来表示。均值 $\mu$ 与标准差 $\sigma$ 的变化对于正态分布的影响，可分别见图 2-3 和图 2-4。由图 2-3 可见，若均值 $\mu$ 增大（$\mu' > \mu$），则曲线向右移动，分布中心发生变化。由图 2-4 可见，若标准差 $\sigma$ 越大，则加工质量越分散。标准差 $\sigma$ 与质量有密切的关系，反映了质量的波动情况。正态分布的两个参数均值 $\mu$ 与标准差 $\sigma$ 是相互独立的。事实上，不论均值 $\mu$ 如何变化都不会改变曲线的形状，即不会改

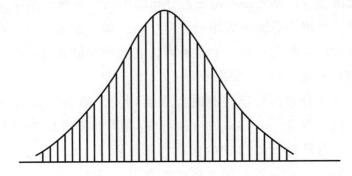

图 2 - 2    直方图趋近于光滑曲线

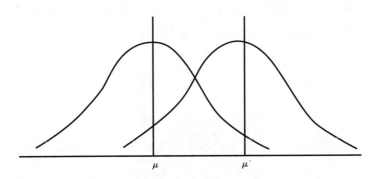

图 2 - 3    曲线随均值 $\mu$ 变化

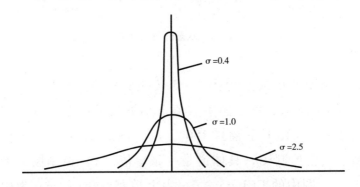

图 2 - 4    曲线随标准差 $\sigma$ 变化

变标准差 $\sigma$；反之，不论正态分布的形状，即标准差 $\sigma$ 如何变化，也绝不会影响数据的分布中心，即均值 $\mu$。而二项分布与泊松分布就不具备上述特点，它们的均值 $\mu$ 与标准差 $\sigma$ 是相互不独立的。

正态分布在质量控制时经常要用到，即不论 $\mu$ 与 $\sigma$ 如何取值，落在 $[\mu-3\sigma,\ \mu+3\sigma]$ 范围内的概率为 99.73%。这是经过严格计算得到的数值，参见图 2 - 5。因而，落在 $[\mu-3\sigma,\ \mu+3\sigma]$ 范围之外的概率为 $1 - 99.73\% = 0.27\%$，而落在大于 $\mu+3\sigma$ 一侧和小于 $\mu-3\sigma$ 一侧的概率分别为 $0.27\% / 2 = 0.135\%$。休哈特就是根据正态分布的这一性质构造了休哈特控制图，亦称常规控制图。

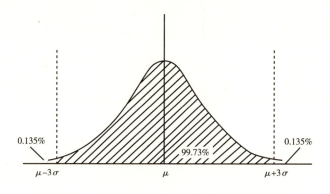

图 2 - 5　正态分布的性质

控制图的形成是把图 2 - 5 按顺时针方向转 90°，如图 2 - 6（a）所示。由于图中数值上小下大不符合常规，故再将图 2 - 6（a）上下翻转 180°，成为图 2 - 6（b）。这样就得到了一张控制图，具体说是一张单值（$x$）控制图，参见图 2 - 7。图中的 UCL $= \mu + 3\sigma$ 为上控制线，CL $= \mu$ 为中心线，LCL $= \mu - 3\sigma$ 为下控制线。

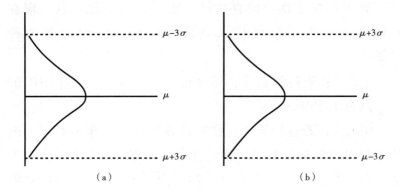

图 2 - 6  控制图的演变

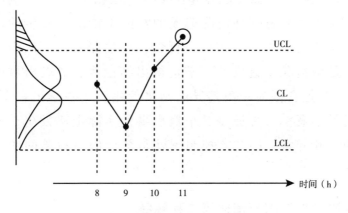

图 2 - 7  单值（$x$）控制图

## 三  控制图原理的第一种解释

例如，为了控制加工螺丝的质量，设每隔 1 小时随机抽取一个车好的螺丝，测量其直径，将测量结果描点在图 2 - 7 中，并用直线段将点子连接，以便观察点子的变化趋势。由图 2 - 7 可看出，前 3 个点子都在控制界限内，但第 4 个点子却超出了 UCL。为了醒目，把它用小圈圈起来，表示第 4 个螺丝的直径过分粗了，应引起注意。现在对这第 4 个点子应做什么判断呢？摆在面前的是两种可能：

情况 1：若过程正常，即分布不变，则点子超过 UGL 的概率只有 1.35‰；

情况 2：若过程异常，譬如设异常原因为车刀磨损，则随着车刀的磨损，加工的螺丝将逐渐变粗，$\mu$ 逐渐增大，于是分布曲线上移（参见图 2 - 7），点子超过 UCL 的概率将大为增加，可能为 1.35‰的几十倍、几百倍。

现在第 4 个点子已经超出 UCL，根据上述 1、2 两种情况，应该判断是哪种情况造成的？由于情况 2 发生的可能性要比情况 1 大几十倍、几百倍，故按照常理，认为上述异常是由情况 2 造成的，于是得出结论为："点出界就判异"，并把它作为一条判异准则来使用。用数学语言来说，这就是小概率事件原理：小概率事件实际上不发生，若发生即判断异常。因此，控制图就是统计假设检验的图上作业法。

## 四 控制图原理的第二种解释

现在换个角度再来研究控制图原理。质量因素根据来源的不同，可分为人、机、料、法、测、环，简称为 5M1E，但从对质量影响的大小来分，质量因素可分为偶然因素（简称偶因）与异常因素（简称异因）两类。偶因是过程所固有的，故始终存在，对质量影响微小，但难以除去，例如机床开动时的轻微振动等。异因则非过程所固有，故有时存在，有时不存在，对质量影响大，但不难除去，例如车刀磨损等。参见图 2 - 8。

偶因⇒偶波{过程固有；对质量影响小；难以除去}⇒听之任之

异因⇒异波{非过程固有；对质量影响大；不难除去}⇒过程中监测的对象

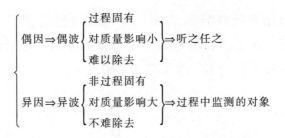

**图2－8　偶因与异因**

偶因引起质量的偶然波动（简称偶波），异因引起质量的异常波动（简称异波）。偶波是不可避免的，但对质量的影响微小，故可把它看作背景噪声而听之任之。异波则对质量的影响大，且采取措施不难消除，故在过程中异波及造成异波的异因是关注的对象，一旦发生，就应该尽快找出，采取措施加以消除，并纳入标准，保证它不再出现。将质量因素区分为偶因与异因，将质量波动区分为偶波与异波，并分别采取不同的处理策略是休哈特的贡献。见图2－9。

质量因素{
偶因⇒偶波⇒典型分布
异因⇒异波⇒偏离典型分布⇒控制图检出
}

**图2－9　控制图方法检出异常原因**

## 第四节　常规控制图的设计思想

利用控制图对过程进行监控，不可避免地要面对两种错误。

### 一　两种错误

#### （一）第一种错误：虚发警报的错误

这种错误是指：当过程正常而点子偶然超出控制界外，

根据"点出界就判异"的原则，判断过程处于异常，于是就犯了第一种错误，亦称为虚发警报的错误。通常将犯第一种错误的概率记为 $\alpha$，参见图 2-10。

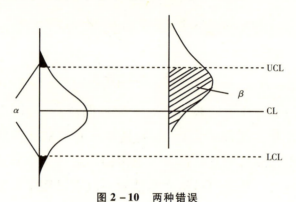

图 2-10 两种错误

### （二）第二种错误：漏发警报的错误

过程已经出现了异常，但仍会有部分产品，其质量特性值的数值大小会位于控制界内。如果抽取到这样的产品，点子就会落在控制界内，而不能判断过程出现了异常，从而犯了第二种错误，即漏发警报的错误。通常犯第二种错误的概率记为 $\beta$，参见图 2-10。

## 二 减少两种错误所造成损失的方法

### （一）休哈特提出的常规控制图

常规控制图共有三根控制线，中心线 CL 居中，UCL 与 LCL 平行并且关于 CL 对称，故能改动的只有 UCL 与 LCL 之间的距离，参见图 2-11。

$$\left.\begin{array}{l} \text{间距增大} \Rightarrow \alpha \text{ 减少，} \beta \text{ 增加} \\ \text{间距缩小} \Rightarrow \alpha \text{ 增加，} \beta \text{ 减少} \end{array}\right\} \text{故错误不可避免}$$

图 2-11 两种错误不可同时避免

因而，两种错误是不可避免的。

## （二） 解决办法

根据使两种错误造成的总损失最小这一点来确定控制图的最优间距。这样根据"点出界就判异"作出判断，即使有时判断错误，虚发警报，但从长远来看仍是经济的。当然，这个最优间距是随着产品不同、产地不同等引起的成本变化而变化的，不存在最优间距。经验证明，休哈特所提出的 $3\sigma$ 方式较好。

## 三 $3\sigma$ 方式

### （一） 利用 $3\sigma$ 方式构造的常规控制图

其控制线为：

$$\begin{aligned} UCL &= \mu + 3\sigma \\ CL &= \mu \\ LCL &= \mu - 3\sigma \end{aligned}$$

式中，$\mu$ 和 $\sigma$ 为统计量的总体参数。

### （二） 常规控制图总公式的应用步骤

具体应用时需要经过下列两个步骤：将 $3\sigma$ 方式的公式具体化到所用的具体控制图；对总体参数进行估计。

### （三） 总体参数与样本参数

二者不能混为一谈。总体包括过去已制成的产品、现在正在制造的产品以及未来将要制造的产品的全体。而样本只是过去已制成产品的一部分。故总体参数的数值是不可能精确知道的，只能通过以往已知的数据来加以估计，而样本参数的数值则是已知的。

## 四 常规控制图的设计思想

常规控制图的设计思想是先定 $\alpha$，再看 $\beta$。

按照 $3\sigma$ 方式确定 UCL 和 LCL 就等于确定了虚发警报的概率 $\alpha = 0.27\%$ 。

通常的统计假设检验一般采用 $\alpha = 1\%$ ，$5\%$ ，$10\%$ 三类，但休哈特为了增强使用者的信心，把常规控制图的 $\alpha$ 取得特别小（$\alpha$ 取零是不可能的，事实上，若 $\alpha$ 取零，则 UCI 与 LCL 之间的间隔将为无穷大，从而 $\beta = 1$ ，必然发生漏报），但这样 $\beta$ 就太大，故在休哈特提出常规控制图以后，人们又在判异准则"点出界就判异"的基础上，为常规控制图增加了判异准则： "界内点排列不随机判异"。

常规控制图并不是依据使两种错误造成的总损失最小为原则来设计的。从 20 世纪 80 年代起诞生了经济质量控制学派，这个学派的特点就是从两种错误造成的总损失最小这一出发点来设计控制图与抽样方案的。

## 五 分析用控制图和控制用控制图

稳态对质量有完全的把握，生产最经济，因而稳态是生产追求的目标。根据追求稳态所处阶段的不同，控制图可分为分析用控制图与控制用控制图两个类型。分析用控制图的目的是对收集到的一定数据进行分析，寻找稳态；控制用控制图是对实时数据进行分析，保持稳态。

### （一）分析用控制图

分析用控制图的首要目的是寻找过程的稳态，即只有偶因没有异因的状态。如图 2 - 12 所示。从图中可见，三个分布图形各不相同，说明还未达到稳态；在经过调整之后，分布图形完全相同时，说明已经达到了稳态。判断过程是否达到稳态依据的是判稳准则。对未达到稳态的过程进行调整，运用"查出异因，采取措施，保证消除，纳入标准，不再出现"，最终达到稳态。这种稳态又称为统计稳态。

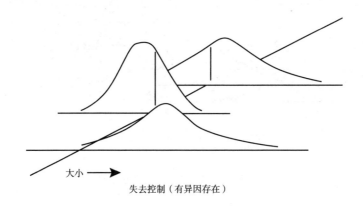

图 2 – 12　异因存在的统计状态

除了统计稳态以外，还要分析过程的技术稳态。技术稳态是指过程满足技术标准、技术要求的能力，判断过程是否达到技术稳态依据的是规格界限。换言之，利用控制界限来判断过程是否处于统计稳态，利用规格界限来判断技术稳态。

衡量过程技术稳态的常用指标是过程能力指数，记为 $C_P$，把过程能力指数满足技术要求称作技术稳态，参见图 2 – 13。从图中可见，前三个分布图形相同，已达到了稳态，但它们的不合格品率过大，过程能力指数太小；在经过调整后，后三个分布图形不但相同，达到了稳态，而且它们的不合格品率，以及过程能力指数也同时满足了技术要求。

从图 2 – 13 可以看出，技术稳态受偶因波动情况的影

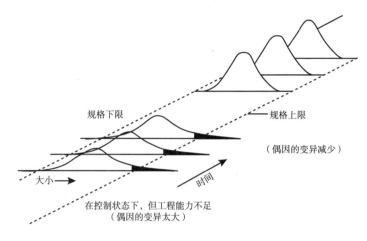

规格下限 ← → 规格上限

（偶因的变异减少）

大小 → 时间

在控制状态下，但工程能力不足
（偶因的变异太大）

图 2 - 13　技术稳态图示

响，提高技术稳态，需要通过减少偶因的波动来达到。控制图不是控制偶因的工具，因而控制图对提高过程技术稳态没有帮助。统计稳态与技术稳态这两个问题是互相独立的，需要分别进行处理，可存在以下四种情况：

①统计稳态和技术稳态同时达到，最理想；

②统计稳态未达到，技术稳态达到；

③统计稳态达到，技术稳态未达到；

④统计稳态和技术稳态都未达到，最不理想。

显然，第四种状态是最不理想的，需要加以调整，使之逐步达到第一种状态。从第四种状态达到第一种状态的途径有两条，可分别先达到第二种或第三种状态，最终达到最理想的状态。分析用控制图的调整过程即质量不断改进的过程。

（二）控制用控制图

当过程达到了可以统计稳定状态以后，即统计稳态和技术稳态，就从分析用控制图阶段转为控制用控制图阶段。控制用控制图阶段的目的是保持稳态。对于常规控制图，可以将分析用控制图的控制线延长作为控制用控制图，利用判异准则来判断过程是否异常。如果出现异常，说明过程的稳态被破坏，要立即利用执行"查出异因，采取措施，保证消除，纳入标准，不再出现"，恢复稳态。由于稳态是生产追求的目标，保持过程的稳态是生产立法，应高度重视，故由分析用控制图阶段进入控制用控制图阶段需要有正式的交接手续，有质量记录。

如果用统计的语言来描述分析用控制图阶段和控制用控制图阶段，可以认为分析用阶段是不知道总体参数，即不知道分布的阶段，需要通过大量的数据来估计分布及分布参数。具体判断工具是判稳准则。若过程没有处于稳态，需要利用"查出异因，采取措施，保证消除，纳入标准，不再出现"来消除异因，纳入标准，重新收集数据。若判断过程处于稳态，则得到的样本参数可以被认为是总体参数。进入控制用控制图阶段，是在已知稳态下的分布和总体参数的情况下，保持稳态，即保持分析用控制图阶段得到的稳态时的分布和总体参数不变。在分析用控制图阶段，因为它要从收集到的一段数据来估计稳态，控制用控制图则可以进行实时控制，可以对新收集到的数据，运用判异准则判断过程是否异常，即过程的总体参数是否发生变化。

控制用控制图阶段不是无限制地进行下去，而是经过一个阶段的使用后，可能是半年、一年，也可能是一个月，这段时间的长短需根据产品、过程的具体情况来确定。利用在这段时间内新收集到的数据，使用分析用控制图来重新寻找稳态，分析过程的稳态是否已经发生变化。

## 六  控制图应用的一般程序

常规控制的种类共 8 种，应用程序基本相同，只有统计量及控制界限的计算公式各有不同。表 2-1 归纳了常规控制图的名称及计算公式。

表 2-1  常规控制图控制界限计算公式

| 数据 | 分布 | 控制图名称及符号 | | 中心线 | 上、下控制界限 |
|---|---|---|---|---|---|
| 计量值 | 正态分布 | 均值－标准偏差控制图 | $\bar{X}$ 图 | $\bar{X}$ | $\bar{X} \pm A_3 S$ |
| | | | $S$ 图 | $S$ | $B_4 S; B_3 S$ |
| | | 均值－极差控制图 | $\bar{X}$ 图 | $\bar{X}$ | $\bar{X} \pm A_2 \bar{R}$ |
| | | | $R$ 图 | $\bar{R}$ | $D_4 \bar{R}; D_3 \bar{R}$ |
| | | 中位数－极差控制图 | $\tilde{X}$ 图 | $\tilde{X}$ | $\tilde{X} \pm m_2 A_2 \bar{R}$ |
| | | | $R$ 图 | $\bar{R}$ | $D_4 \bar{R}; D_3 \bar{R}$ |
| | | 单值－移动极差控制图 | $X$ 图 | $\bar{X}$ | $X \pm 2.66 \bar{R}_s$ |
| | | | $R_s$ 图 | $\bar{R}_s$ | $3.27 \bar{R}_s; —$ |
| 计数值 | 二项分布 | 不合格品率控制图 | $P$ 图 | $\bar{P}$ | $\bar{P} \pm 3 \sqrt{\bar{P}(1-\bar{P})/m}$ |
| | | 不合格品数控制图 | $Pn$ 图 | $\overline{Pn}$ | $pn \pm 3 \sqrt{pn(1-p)}$ |
| | 泊松分布 | 单位缺陷数控制图 | $U$ 图 | $\bar{U}$ | $\bar{u} \pm 3 \sqrt{\bar{u}/n}$ |
| | | 缺陷数控制图 | $C$ 图 | $\bar{C}$ | $\bar{c} \pm 3 \sqrt{\bar{c}}$ |

若样本量非常量时计数值控制图应改用通用控制图

### （一）预备数据的取得

预备数据是用来作分析用控制图的数据，目的是用以诊断取样过程是否处于稳定受控状态。根据判稳准则的要求，预备数据的取样组数 $K \geqslant 25$ 组，当个别组数据属于可查明原因的异常数据时，经剔除后所余数据的组数最少应保证 $K \geqslant 20$ 组时方可继续利用这些数据作分析用控制图，否则应重新取样。

### （二）计算统计量

统计量是用于计算控制界限的量。不同图种的控制图所计算的统计量各不相同，应根据标准的规定对预备数据进行统计计算。

1. $\bar{X} - R$ 控制图的统计量

（1）$\bar{X}$ 为各子组的平均值；

（2）$R$ 为各子组的极差；

（3）$\bar{\bar{X}}$ 为预备数据的总平均值；

（4）$\bar{R}$ 为各子组极差的平均值。

2. $\bar{X} - S$ 控制图的统计量

（1）$\bar{X}$ 为各子组的平均值；

（2）$S$ 为各子组的标准差；

（3）$\bar{\bar{X}}$ 为预备数据的总平均值；

（4）$\bar{S}$ 为各子组标准差的平均值。

3. $\tilde{X} - R$ 控制图的统计量

（1）$\tilde{X}$ 为各子组的中位数；

（2）$R$ 为各子组的极差；

（3）$\bar{\tilde{X}}$ 为各子组中位数的平均值；

（4）$\bar{R}$ 为各子组极差的平均值。

4. $X - R_s$ 控制图的统计量

（1）$X$ 为各子组（单值）的测定数据；

（2）$R_s$ 为相邻两组数据（单值）的极差；

（3）$\bar{X}$ 为预备数据的平均值；

（4）$\bar{R}_s$ 为相邻两组数据（单值）极差的平均值。

5. $P$ 控制图的统计量

（1）$P$ 为各子组数据的不合格品率；

（2）$\bar{P}$ 为预备数据的平均不合格品率。

6. $Pn$ 控制图的统计量

（1）$pn$ 为各子组数据的不合格数；

（2）$\overline{pn}$ 为预备数据的平均不合格品数。

7. $C$ 控制图的统计量

（1）$c$ 为各子组数据的缺陷数；

（2）$\bar{c}$ 为预备数据的平均缺陷数。

8. $U$ 控制图的统计量

（1）$u$ 为各子组数据的单位缺陷数；

（2）$\bar{u}$ 为预备数据的平均单位缺陷数。

**（三）计算控制界限**

虽然不同图种的控制图，其控制界限的计算公式各不相同，但都遵循休哈特博士提出的原则，以分布中心 $\mu$ 为控制中心线 CL；以 $\mu+3\sigma$ 为上控制线 UCL；以 $\mu-3\sigma$ 为下控制线 LCL。所以，CL、UCL、LCL 的计算公式是根据统计量的分布特征值及相互关系推导而得的。

**（四）作控制图并打点**

根据计算的控制线数值，在控制图纵坐标轴上刻度，画出 CL、UCL、LCL 三条线，并添加 $\mu\pm\sigma$、$\mu\pm2\sigma$ 线，将控制图分为六个区域。中心线两侧为 C 区，C 区以外为 B 区，B 区以外为 A 区，A 区以外为界外。控制图横坐标轴的刻度为样本号。

按数据表中各子组数据的统计量值在控制图中打点并用直线线段连接为折线，即为分析用控制图。

**（五）判断取样过程是否处于稳定受控状态（统计稳态）**

按控制图判异准则的 8 个检验模式，对控制图中点子的排列状态进行判断。若控制图中没有任何一个检验模式的状态出现，即可判断取样过程处于稳定受控状态（统计稳态）；否则应判断过程异常。

**（六）判断过程能力是否达到基本要求（技术稳态）**

当过程能力指数 $C_P$ 或 $C_{PK} \geq 1$ 时，可判断过程能力达到基本要求，即过程处于技术稳态。当 $\bar{\bar{x}} = M$ 时，$C_P = \dfrac{T}{6\sigma}$；若 $\bar{\bar{x}} \neq M$，有 $\varepsilon = |\bar{\bar{x}} - M|$，$C_{PK} = \dfrac{T - 2\varepsilon}{6\sigma}$。

当 $C_P$ 或 $C_{PK} = \dfrac{T - 2\varepsilon}{6\sigma} < 1$ 时，过程能力不足，不宜应用控制图对过程实施质量控制，此时应对过程进行技术改造，提高过程能力。

**（七）将分析用控制图转换为控制用控制图，实施日常质量控制**

当分析用控制图对过程进行判断，同时处于统计稳态和技术稳态时，应延长分析用控制图的控制界线，转换为控制用控制图，实施日常质量控制。

## 七　统计图对过程状态的判断

**（一）判稳的概念**

**1. 判稳的思路**

控制图应用中的弃真概率 $\alpha = 0.0027$，实标是虚发警报的概率。当控制图中只有 1 点，而刚好超界，于是判断过程异常。其置信度达 0.9973，很可靠。

控制图应用中的取伪概率实际上是漏发警报的概率。由于以 $3\sigma$ 原则设计控制图，弃真概率是非常小的值，而取伪概率 $\beta$ 就很大。所以，控制图应用中绝不能只看 1 点在界内就判断过程稳定，风险很大。

2. 判稳准则

当点子在随机排列的情况下，符合下列之一时即可对过程判稳：

（1）连续 25 点，界外点子数为 0；

（2）连续 35 点，界外点子数 $d \leqslant 1$；

（3）连续 100 点，界外点子数 $d \leqslant 2$。

即使在判稳的情况下，对界外点的情况也应按"二十字方针"讲述的程序去处理。

3. 控制图中异常点处理的"二十字方针"

查出异因，采取措施，保证消除，纳入标准，不再发生。

**（二）判异准则**

判断过程是否出现异常的方法，简称为判异准则。判异准则有两类：

一是点出界就判异。

二是界内点排列不随机判异。

对于判异准则中"界内点排列不随机判异"，由于未对点子的数目加以限制，故原则上有无穷多种，但现场经常使用的只有下列易于解释的 8 种模式，见图 2 - 14。在对控制图进行判断时，要注意对这些模式加以识别。

1. 1 点落在 A 区之外

一般规定：距离控制界限 $1\sigma$ 范围内就称为"接近"，出现左侧虚线圈的现象表明质量特性值分布的均值 $\mu$ 上移；出现右侧虚线圈的现象表明质量特性值分布的均值 $\mu$ 下移。

这时属下列情况的，点子排列不随机判异：

（1）连续 3 个点中，至少有 2 个点接近控制界限；

（2）连续 7 个点中，至少有 3 个点接近控制界限；

（3）连续 20 个点中，至少有 4 个点接近控制界限。

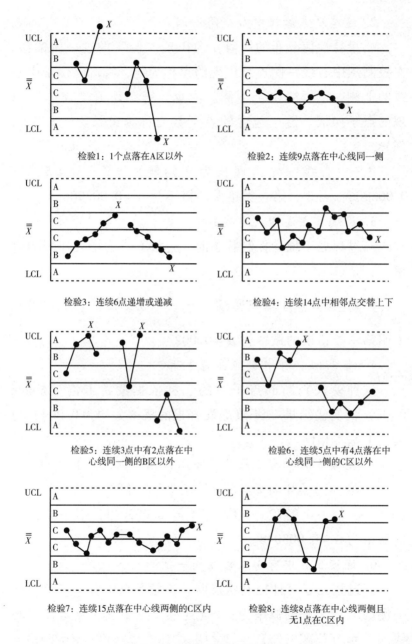

检验1：1个点落在A区以外

检验2：连续9点落在中心线同一侧

检验3：连续6点递增或递减

检验4：连续14点中相邻点交替上下

检验5：连续3点中有2点落在中心线同一侧的B区以外

检验6：连续5点中有4点落在中心线同一侧的C区以外

检验7：连续15点落在中心线两侧的C区内

检验8：连续8点落在中心线两侧且无1点在C区内

**图2-14 判断异常的8种模式**

2. 连续 9 点落在中心线同一侧

质量特性值分布的均值 $\mu$ 向出现"链"的这一侧偏移。在控制图中心线一侧连续出现的点称为链，链可能位于中心线的上侧，也可能位于下侧。注意，链必须由"连续"出现的点子构成。链中包含的点子数目称为链长。链长 $\geqslant 9$，判异。

P（中心线一侧出现长为 9 的链）$= 2 \times (0.5)^9 = 0.003906$，因此，第一类错误的概率为 $\alpha = 0.003906$。

3. 连续 6 点递增或递减

当过程处于统计控制状态时，连续 6 点递增或递减的概率为：

$$\text{P（连续 6 点递增或递减）} = \frac{2}{6!}(0.9973)^6 = 0.002733,$$

说明第一类错误的概率为 $\alpha = 0.0027$。

4. 连续 14 点中相邻点交替上下

这种模式判断的点子数的选择依据蒙特卡洛（Monte Carlo）的实验结果，14 点虚发警报的概率大约为 0.004，与模式 1 基本相同。

5. 连续 3 点中有 2 点落在中心线同一侧的 B 区以外

P（连续 3 点中有 2 点落在中心线同一侧的 B 区以外）$= 2 \times C_3^2 \times (1 - 0.9772)^2 \times 0.9772 = 0.003048$，第一类错误的概率为 $\alpha = 0.003048$。

6. 连续 5 点中有 4 点落在同一侧的 C 区之外

当过程处于统计控制状态时，连续 5 点中有 4 点落在同一侧的 C 区之外的概率为：P（连续 5 点中有 4 点落在中心线同一侧的 C 区以外）$= 2 \times C_5^4 \times (1 - 0.8413)^4 \times 0.8413 = 0.005331$，第一类错误的概率为 $\alpha = 0.005331$。

7. 连续 15 点落在中心线两侧的 C 区内

当过程处于统计控制状态时，连续 15 点落在中心线两侧的 C 区内的概率为：P（连续 15 点落在中心线两侧的 C 区以内）＝（1－0.1587×2）$^{15}$＝0.00326，虚发报警的概率为 0.00326，第一类错误的概率为 $\alpha$＝0.00326。

8. 连续 8 点落在中心线两侧且无 1 点在 C 区内

当过程处于统计控制状态时，连续 8 点落在中心线两侧且无 1 点在 C 区内的概率为：P（连续 8 点落在中心线两侧且无一在 C 区内）＝（0.1587×2）$^{8}$＝0.000103，即虚发报警的概率为 0.000103，第一类错误的概率为 0.000103。

# 第五节　过程能力及过程能力指数

## 一　过程能力的概念

过程能力指过程处于正常状态（稳定受控状态）时，加工产品质量能够满足技术标准的能力，是指过程加工产品质量特性值实际分布的六倍标准差（$6\sigma$），实际考核的是过程中 99.73% 的能力。过程能力与生产能力不同，生产能力是指加工数量方面的能力。过程能力取决于人、机、料、法、环而与公差无关。其数学表达式为：

$$B = 6\sigma = 6S$$

当过程处于统计控制状态时，过程的计量特性值有 99.73% 落在 $\mu \pm 3\sigma$ 范围内，其中 $\mu$ 为过程特性值的总体均值，$\sigma$ 为过程特性值的总体标准差，即有 99.73% 的过程特性观测值落在上述 $6\sigma$ 范围内。过程能力用于衡量过程加工产品质量的内在一致性，是过程处于正常状态下的最小质量波动。要求过程能力的数值越小越好，即质量波动的幅度越小越好。

过程能力即实现过程目标的能力。质量管理体系可视为一个大过程，建立和有效运行质量管理体系的目的是为了达到组织目标，组织应确保影响质量的技术、管理和人的因素处于受控状态，无论是硬件、软件、流程性材料还是服务，所有的控制都应针对减少和消除不合格，尤其是预防不合格。

建立和有效运行质量管理体系，必须具备足够的过程能力，应保证组织目标"减少和消除不合格，尤其是预防不合格"的实现。即要求只生产合格品，不生产不合格品。为此，实现组织目标的保证手段是："组织应确保影响质量的技术、管理和人的因素处于受控状态。"技术受控的标志是组织应采用最先进的工艺技术生产产品，使其具备"保证不出不合格品的能力"即过程能力。实现技术受控的过程称为处于"技术稳态"。关于过程是否处于技术稳态是以实现质量特性的过程能力来要求的。在 GB 4091 – 1983 标准中要求过程能力指数 $C_p \geqslant 1.00$，GB/T4091 – 2001 标准中要求过程能力指数 $C_p \geqslant 1.33$，国际先进企业已提出 $C_p \geqslant 1.67$。

## 二 过程能力指数

为了将过程能力与过程规格质量要求相联系，而提出过程能力指数的概念。过程能力指数表示过程能力满足技术标准（产品规格、公差）的程度，一般符号记为 $C_p$，$C_p = \dfrac{T}{B}$。

### (一) 双侧规格情况的过程能力指数

对于双侧规格情况，过程能力指数 $C_P$ 的计算公式如下：

$$C_P = \frac{T}{6\sigma} = \frac{T_U - T_L}{6\sigma}$$

式中，$T$ 为产品质量特性值的规格质量要求，即公差范围；

$T_U$ 为上公差（规格）界限；

$T_L$ 为下公差（规格）界限；

$\sigma$ 为产品质量特性值总体分布标准差；

$S$ 为产品质量特性值样本分布标准差；

$C_P$ 为产品质量特性的过程能力指数；

$B$ 为过程实现产品质量特性的过程能力。

上述过程能力指数中，$T$ 反映的是技术标准与技术要求，而 $6\sigma$ 反映的是过程的能力，所以，在过程能力指数 $C_P$ 中，将 $6\sigma$ 与 $T$ 比较，就反映了过程能力满足技术标准的程度。如果过程特性的观测值超出技术标准、技术要求，就认为是不合格的。过程不合格品率与过程能力指数一一对应。

根据 $6\sigma$ 与 $T$ 的比较结果可以得到图 2 - 15 所示的三类典型情况。$C_P$ 值越大，表明过程能力越高，对人、机、料、

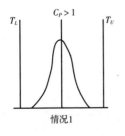
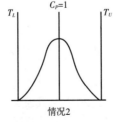
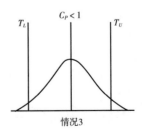

**图 2 - 15　三种典型情况**

法、环的要求也越高，当 $T=6\sigma$，$C_P=1$ 时，由于过程会出现波动，带来分布中心的偏移，过程不合格品率增加，因此，通常要求 $C_P$ 大于 1。一般，过程能力指数有如表 2-2 所示的评价标准。当 $C_P=1.33$，$T=8\sigma$，整个过程特性值的分布基本上均在上下规格线之内，且留有余地。因此，可以说 $C_P \geqslant 1.33$ 时，过程能力充分满足技术要求。其余情况类推。

表 2-2 过程能力评价

| $C_p$ 的取值范围 | 级别 | 过程能力的评价 |
|---|---|---|
| $C_p \geqslant 1.67$ | I | 过程能力过高 |
| $1.67 > C_p \geqslant 1.33$ | II | 过程能力充分 |
| $1.33 > C_p \geqslant 1.0$ | III | 过程能力尚可，但接近 1.0 时要注意 |
| $1.0 > C_p \geqslant 0.67$ | IV | 过程能力不足，需要采取措施 |
| $0.67 > C_p$ | V | 过程能力严重不足 |

### （二）有偏移情况的过程能力指数

当过程特性值的分布均值 $\mu$ 与公差中心 $M$ 不重合（即有偏移）时，如图 2-16 所示。

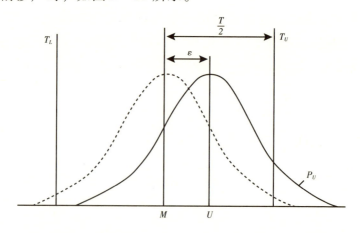

图 2-16 过程特性值的均值 $\mu$ 与公差中心 $M$ 不重合的情形

显然不合格品率增大，即 $C_P$ 值降低，所以，以上述公式计算的过程能力指数不能反映有偏移的实际情况，需要加以修正。定义分布中心 $\mu$ 与公差中心 $M$ 的偏移为 $\varepsilon = |M - \mu|$，以及 $\mu$ 与 $M$ 的偏移度 $K$ 为：

$$K = \frac{\varepsilon}{\frac{T}{2}} = \frac{2\varepsilon}{T}$$

则有偏移的过程能力指数为：

$$C_{PK} = (1 - K) C_P = (1 - K) \frac{T}{6\sigma}$$

这样，当 $\mu = M$（即分布中心与公差中心重合，无偏移）时，$K = 0$，则 $C_{PK} = C_P$；而当 $\mu = T_U$ 或 $\mu = T_L$ 时，$K = 1$，$C_{PK} = 0$，表示分布中心 $\mu$ 与公差中心 $M$ 偏移极端严重，需要立即采取措施加以纠正。

### （三）单侧规格的过程能力指数

若只有规格上限的要求，而对规格下限无要求，则单侧规格的过程能力指数如下：

$$C_{PU} = \frac{T_U - \mu}{3\sigma}$$

其中，$C_{PU}$ 为上单侧过程能力指数。若 $T_U \leqslant \mu$，令 $C_{PU} = 0$，表示过程能力严重不足，不合格品率高达 50% 以上。若只有规格下限的要求，而对规格上限无要求，则单侧规格的过程能力指数如下：

$$C_{PL} = \frac{\mu - T_L}{3\sigma}$$

其中，$C_{PL}$ 为下单侧过程能力指数。若 $\mu \leqslant T_L$，令 $C_{PL} = 0$，表示过程能力严重不足，不合格品率高达 50% 以上。

### 三 过程性能指数

过程性能指数反映了过程的当前加工能力满足标准与规范的程度，是瞬时或实时过程能力的反映，记为 $P_P$。

#### （一）双侧规格的过程性能指数

过程性能指数 $P_P$ 的计算公式如下：

$$P_P = \frac{T_U - T_L}{6S} = \frac{T_U - T_L}{6S}$$

其中，$S$ 为根据过程特性的观测值估计出的样本标准差。

#### （二）单侧规格的过程性能指数

若只有规格上限的要求，而对规格下限无要求，则单侧规格的过程性能指数为：

$$P_{PU} = \frac{T_U - \bar{x}}{3S}$$

其中，$P_{PU}$ 为上单侧过程性能指数，$\bar{x}$ 为根据过程特性值的观测值估计出的样本均值。

若 $\bar{x} \geqslant T_U$，令 $P_{PU} = 0$，表示当前的过程能力严重不足，这时的不合格品率高达 50% 以上。

若只有规格下限的要求，而对规格上限无要求，则单侧规格的过程性能指数为：

$$P_{PL} = \frac{\bar{x} - T_L}{3S}$$

其中，$P_{PL}$ 为下单侧过程性能指数。若 $\bar{x} \leqslant T_L$，令 $P_{PL} = 0$，表示当前过程能力严重不足，这时的不合格品率高达 50% 以上。

### （三） 有偏离情况的过程性能指数

对于分布中心与公差中心有偏离情况的过程性能指数，记为 $P_{PK}$，定义为：

$$P_{PK} = \min\left(\frac{T_U - \bar{x}}{3S}, \frac{\bar{x} - T_L}{3S}\right)$$

分布中心偏移，对上下双侧规格各有一个单侧过程性能指数，用二者中的最小值来反映当前过程的能力指数。

过程性能指数是利用样本均值和样本标准差通过计算得到的，反映了当前的取样数据所对应的过程的性能，此时的过程可能处于稳态，也可能出现了异常，即过程可能存在偶因，也可能存在异因，过程性能指数恰好反映了当时过程的性能。过程性能指数是对实时过程性能的描述。

### 四 过程能力指数与过程性能指数

### （一） 过程能力指数与过程性能指数都是对过程满足标准、规范程度的反映

首先，过程能力指数给出的是过程的固有能力，过程所固有的能够满足标准与规范的能力；过程性能指数给出的是根据采集到的数据对当前过程性能的估计。

其次，过程能力指数运用的是总体参数：$\mu$ 和 $\sigma$；过程性能参数用的是样本统计量：样本标准差 $S$ 和样本均值 $\bar{x}$。

最后，过程能力指数只有在已经判定过程处于稳态以后，才可以通过计算得到；过程性能指数则无此要求，可以随时反映实时过程的性能。

### （二） 将过程性能指数与过程能力指数进行对比分析，可以得到当前过程能力所处的状态，并进而对过程进行处理

首先，通过过程性能指数与过程能力指数的比较，可以

对过程进行诊断。若 $P_p < C_P$，说明当前的过程能力低于过程固有的能力，过程没有达到稳态，过程中存在异常因素，应该马上寻找原因，加以消除，把过程性能指数提高到过程能力指数的水平。

其次，通过过程性能指数与过程能力指数的比较，可以对过程能力进行修正。若 $P_p > C_P$，说明当前的过程性能已经高于过程的固有能力，此时同样要寻找原因，努力保持当前的过程性能，如果持续一段时间的过程性能指数都得以保持，始终都处于稳定的水平，高于过程的固有能力，并且经过判稳准则判定过程处于稳态，则说明过程的稳态水平已经得以提高，可以对过程能力指数进行调整，使其反映当前过程的稳态水平。

## 第六节　控制图的类型及应用

目前，列入 ISO 8258：1991 和 GB/T 4091 – 2001 的控制图称为常规控制图，这种控制图的质量特性值基于正态分布、二项分布和泊松分布。当质量特性值不服从常规分布时，非常规控制图应运而生。

控制图的产生标志着质量管理科学进入统计过程控制阶段，这个阶段提出了过程控制的概念和实施过程监控的方法，休哈特控制图是最早的控制图方法。自休哈特控制图以来，国内外的质量专家学者致力于控制图的研究，到目前为止，除休哈特常规控制图外，各种控制图层出不穷，本书将介绍几类主要类型的控制图及其应用。

## 一 常规控制图

常规控制图也就是休哈特控制图。包括计量值控制图与计数值控制图，具体见表2-3。

表2-3 常规控制图

| 数　据 | 分　布 | 控制图 | 简记 |
|---|---|---|---|
| 计量值 | 正态分布 | 均值-极差控制图<br>均值-标准差控制图<br>中位数-极差控制图<br>单值-移动极差控制图 | $\overline{X}-R$ 控制图<br>$\overline{X}-S$ 控制图<br>$Me-R$ 控制图<br>$X-R_s$ 控制图 |
| 计件值 | 二项分布 | 不合格品率控制图<br>不合格品数控制图 | $P$ 控制图<br>$nP$ 控制图 |
| 计数值 | 泊松分布 | 单位缺陷数控制图<br>缺陷数控制图 | $U$ 控制图<br>$C$ 控制图 |

表2-3中服从正态分布的四类控制图适用于质量观测值集中于均值，并且观测值比均值大或者小的可能性相同的场合，也就是在对称偏差的情况下，并且质量特性观测值的波动通常是由很多微小因素共同作用的结果。

服从二项分布的两类控制图用于描述多次抽样中发生不合格品的概率。服从泊松分布的两类控制图用于缺陷数的发生机会很多但是对于单次抽样中出现的概率很小的情况。下面分别介绍各控制图的用途。

### （一）$\overline{X}-R$ 控制图

这是平均值与全距控制图，是最常用的控制图，在计量值数据是一组的情况下，它可以控制质量特性的长度、重量、强度、时间等计量值。$\overline{X}$控制图用于观察分布的均值的变化，$R$ 控制图观察分布的分散情况及变异度的变化。这种控制图较简便，对子组内特殊原因的波动较敏感。

**（二）$\overline{X} - S$ 控制图**

此控制图的应用范围与 $\overline{X} - R$ 控制图相同，当样本量大于 10 时，用 $S$ 图比 $R$ 图的效率更高，当样本容量较大时，可应用计算机实时记录。

**（三）$Me - R$ 控制图**

当样本量较小时，用中位数图来代替均值图，这种控制图方法简单，多用于现场需要把测定的质量特性值数据直接记入控制图进行控制的情况。

**（四）$X - R_s$ 控制图**

此控制图多用于采用自动化检查和测量，对于每一个产品都进行检验的场合，取样费时且昂贵，样品均匀，多抽样也无太大意义时，因抽取的样品包含的信息相对较少，所以对过程变化的灵敏度也相对较差。

**（五）$P$ 控制图**

应用广泛，用于控制对象为不合格率或合格率等计数值质量指标。但控制图显示异常后难以找出异常的原因。

**（六）$nP$ 控制图**

用于控制对象为不合格品数的场合，比 $P$ 控制图更有意义。应用该控制图需要保证样本量是相同的。

**（七）$C$ 控制图**

对于连续的产品流，单个检验品出现的缺陷数目，可以是一个机器、一个部件、一定面积或长度的情况。

**（八）$U$ 控制图**

用于与 $C$ 控制图相同的场合，但不同时期样本的大小发生变化时采用该控制图。

　　总体来看，常规控制图在质量控制方面，其作用可以用来确定什么时候需要对过程加以调整，而什么时候则需要使过程保持相应的稳定状态；在质量改进方面，可以用来确认某过程是否得到了改进；在质量诊断方面，可以用来度量过程的稳定性，即过程是否处于统计控制状态，但不能用来判断产品质量的合格性。

## 二　非常规控制图

　　非常规控制图是当质量现象不能由上述的三类常规分布解释的情况下而产生的一类非对称分布的质量控制图，主要应用于质量特性值为非对称偏差的情况。现有的非常规控制图主要有以下几种。

### （一）累积和控制图（CUSUM）和指数加权移动平均控制图（EWMA）

　　过程为正常波动的情况下，采用正常波动控制图，正常波动控制图通常指休哈特控制图。当过程为小波动时，就需要更灵敏的控制图，用来检测随时间出现的微小变化情况，累积和控制图就是一种对数据信息进行累积，而监测微小变化的控制图。指数加权移动平均控制图适合监控长期趋势而消除短期不一致的情况。

### （二）一元控制图和多元控制图

　　根据受控质量指标的数量可以分为一元或多元控制图。一元控制图是在一张控制图中仅有一个质量特性值，是仅控制生产过程中的一个质量特性值的控制图。通常采用的休哈特控制图都是一元控制图。多元控制图用于对两个或两个以上的质量特性同时进行控制，它要求控制的质量特性值要服从多元正态分布。常见的多元控制图主要有均多元 EWMA

控制图、均值向量控制图、离差向量控制图、多元累积和控制图等。

### （三）目标控制图、Q 控制图和比例控制图

这类控制图用于小批量、产品数量比较少、样本比较少的情况，是一种小批量控制图。而相对的大批量是指生产量较大，且可以获得较多样本的情况，使用大批量控制图较合适，如休哈特控制图在大批量生产条件下适用。

### （四）全控图和选控图

有时需要根据控制影响质量因素的多少来选择控制图。当需要将所有异常因素都考虑时，需要使用全控图，但这会导致虚发警报。当存在不需要考虑或不可能控制所有因素时，或只对关键质量特性进行监控的情况下，就可采用选控图。选控图可用于上道工序对下道工序的质量有比较大的影响的场合，或者已知某些异常因素对该道工序的影响不可排除的场合。

### （五）分析用控制图和控制用控制图

分析用控制图主要是用于分析生产过程是否处于稳态，过程能力是否满足要求；当过程处于稳态且过程能力满足要求时，就延长分析用控制图的控制线作为控制用控制图。

## 第七节　模糊质量控制理论

在产品生产过程中，尤其在食品生产检验过程中，对于质量特性及生产过程的描述在统计意义上并不完全是精确的，实际上存在大量的关于产品质量和过程质量的模糊信息，此时产品质量指标可能缺少清晰的度量工具，或者本身就是无法用精确的数值描述的，可能需要质量检验人

员通过主观上的感觉加以判断，如感官检验的相关研究与实践。

因此，传统的以休哈特控制图为代表的控制图方法难以有效地应用于产品的质量特性值的监测或过程控制，模糊质量控制的研究就应运而生。模糊质量控制方法实际上涉及两个学科，即质量控制方法和模糊数学的应用。近年来模糊质量控制图方法的研究引起了质量控制相关学者的关注，模糊控制图方法的相关研究取得了一定的进展。

本节首先对质量的模糊特性相关理论进行综述，对模糊特性的数量化描述进行理论阐述；引出统计质量过程控制问题及其重要的方法——控制图，以及模糊性质量特性值的统计应用的相关理论。

## 一 质量模糊性描述及度量

国际标准化组织在 ISO 9000：2000 质量管理标准中明确定义质量为一组固有特性满足要求的程度。这一定义包括两层含义：首先，质量的载体是实体，包括产品质量、服务质量、过程质量及工作质量等；其次，"要求"是指"明示的、通常隐含的或必须履行的需要和期望"。其中，"明示的"可以用技术规范、质量标准、产品图样、技术要求加以明确；"通常隐含的"是指组织、顾客或其他相关服务方的惯例以及所考虑的需要或期望。从定义上可以看出，质量概念的发展向两方面延伸：第一，该定义是从顾客的角度来定义的；第二，质量的外延在不断扩大，从"狭义质量"不断向"广义质量"延伸，也就是所谓的"大质量"概念。因此说，随着质量定义的引申扩大，质量的概念更具有丰富性、复杂性及模糊性。

**（一）模糊性的基本概念**

客观世界除随机不确定性外，还具有一类不确定性，即模糊性，模糊性在质量管理实践中也大量存在，例如"优质品""胶带耐摩擦""便携性"等。从数量的角度对模糊性进行的研究形成了模糊理论及方法。关于模糊理论和方法的起源，目前学术界比较公认的是，1965 年 Zadeh 在 *Information and Control* 发表的文章，该文第一次对模糊理论进行了探讨。

1. 模糊集的确定

论域 $U$ 表示一些元素的集合，设 $A$ 为 $U$ 的一个子集，在传统的二元逻辑中，$U$ 中的元素 $u$ 或者属于 $A$，或者不属于 $A$，记之为：

$$\chi_A(u) = \begin{cases} 1 & u \in A \\ 0 & u \notin A \end{cases} \tag{2.7.1}$$

式中，$\chi_A(u)$ 称为集合 $A$ 的特征函数。由于我们面临的世界有许多信息并不能用"非此即彼"的方式清晰界定，即具有模糊性。

实际上，特征函数的取值反映了元素对于集合的"隶属程度"。对于普通集合而言，元素对于普通集合的隶属情况只有两种极端情形：或者"绝对隶属于"，此时特征函数取值为 1；或者"绝对不隶属于"，此时特征函数取值为 0。一个自然的考虑是，是否可以由 [0，1] 之间的数来表示不同的隶属程度，由此出发，Zadeh 将上述普通集合拓展为模糊集合，对应的特征函数推广为包含模糊信息的函数，即隶属函数。定义如下：

设 $U$ 为论域，$U$ 上的一个模糊集合 $B$ 由 $U$ 上的一个实值函数定义：

$$\mu_B : U \to [0,1]$$
$$u \to \mu_B(u) \in [0,1] \tag{2.7.2}$$

式中，$\mu_B$ 称为 $B$ 的隶属函数；对于一个元素 $u \in U$，$\mu_B(u)$ 称为 $u$ 对 $B$ 的隶属度。

从上述定义可以看出，对于 $U$ 上的模糊集合 $B$，$U$ 中的元素 $u$ 不再绝对地属于或不属于 $B$，而是在多大程度上属于 $B$。隶属度 $\mu_B(u)$ 可以看作 $u$ 属于 $B$ 的程度的数量指标。

普通集合 $A$ 的特征函数可以看作隶属函数 $\mu_A$ 的一个特例，即 $\mu_A(u) = 0$ 定义为 $u$ 完全不属于 $A$；$\mu_A(u) = 1$ 表示 $u$ 完全属于 $A$；而当 $0 < \mu_A(u) < 1$ 时，则认为 $u$ 在 $\mu_A(u)$ 的程度上属于 $A$。因此，普通集合是模糊集合的一个特例，模糊集合是普通集合的推广。

模糊数学理论应用最具代表性的例子，如在啤酒的感官检验中，质量指标一般包括"泡沫""香味"和"味道"，将感官质量检验的一般标准"好""较好""一般""较差"和"差"经标准化后转化为 $[0,1]$ 上的取值，其中 0 对应最理想的质量水平，1 对应最坏的质量水平，这些评价标准均具有一定的模糊性，对应于一定的模糊集，相应的隶属函数（即标准化的取值函数）可以有多种形式，依实际情况确定。

2. 隶属函数的确定

由上述例子可以看出，隶属函数的形式决定了模糊质量特性指标的最终水平，显然隶属函数是模糊集理论及应用中的关键问题。因此，本节将介绍隶属函数的基本原则。

（1）表示隶属函数的模糊集合必须是凸集合。当从最大隶属度区域向周边延伸时，隶属度函数应单调递减，这就必须保证模糊集合是凸集合，才能满足上述单调递减的要求。

（2）变量所取隶属函数通常是对称和平衡的。这一原则与隶属函数的值域紧密相关，由于某一模糊集的隶属函数的取值从 0 至 1 对应着待判别元素"完全不属于"至"完全属于"该模糊集，因此，从实际应用的角度看，隶属函数通常应该是对称和平衡的。

（3）隶属函数要遵从语音顺序和避免不恰当的重叠。隶属函数一般呈几何形状，常用的模糊数有三角模糊数、梯形模糊数、正态模糊数等。相关文献表明，三角模糊数和不规则梯形模糊数常用来表示决策者的模糊偏好，所以这两种模糊数最常用。同时三角模糊数是梯形模糊数的特例，适用于质量专家根据对产品质量的直觉感知做出模糊评分的场合。此外，相关文献对确定隶属函数的常用方法进行了阐述，包括带信任度的德尔菲法（即专家调查法）、模糊统计法和对比排序法、模糊分布法等。

**（二）模糊质量的提出**

质量在质量管理学中是最基本也是最重要的概念（岑咏霆，1994）。在 ISO 9000 中质量被定义为具备满足显性及隐性需求的特定能力的实体（产品）的全部性能。显然从定义上可知，质量概念反映了一种本质上非统计的不确定特征。

日本著名质量管理学家田口玄一（Taguchi）从社会损失角度给质量的定义为：质量是产品上市后给社会造成的损失。任何产品在使用过程中都会给社会造成一定的损失，造成损失最小的产品，其质量水平就越高。从田口玄一定义的角度可以看出，质量是一种可量化的、可度量的量。

国际质量管理学权威朱兰曾指出，质量对消费者而言是其适宜性而不是其与特定标准的一致性。朱兰指出，对用户来说，质量就是"适用性"，从而提出了适用性质量的概念，即"产品、过程或服务适合用户'使用要求'的特征和特性之和"，体现了用户导向的质量观。因此，"符合性质量观"与"适用性质量观"的概念被提出。

所谓"符合性质量观"就是"以产品特征是否符合规定的质量标准作为质量评价依据的质量观"。在传统的质量管理中，这种质量观成为判断产品合格与否以及产品等级的唯一准绳。"适用性质量观"是一种"用户评价第一"的质量观。最终用户很少知道标准是什么，消费者对质量的评价往往基于所购产品是否真正适宜且其适宜性是否持久（岑咏霆，1994），这是一种以用户感觉为主体的质量观，这就不能回避质量评价准则及评判用户心理感受的模糊属性问题了。

基于用户的感觉对被考察产品的质量做出评价存在不确定性，这种不确定性表现为评价标准的模糊性，难以用传统的随机不确定性的质量管理方法进行描述，因此引出了模糊质量的概念。

如果仅从定性角度运用描述的方法来研究"适用性质量观"的模糊属性显然很难获得深入的成果，需要引入数量化的方法展开研究。模糊集理论和方法的进展为模糊质量管理的定量化研究提供了方法和研究工具，使得质量的模糊属性的数量化成为可能。

"适用性质量观"的模糊属性承认在"适用"与"不适用"之间的确存在中间的质量水平。模糊集理论（Zadeh，1965）适合处理质量属性的模糊性及模棱两可现象。因此，将模糊集概念自然地引入质量概念中，形成了模糊质量概念。

一个特别的例子，可以从模糊理论的角度说明质量的"符合性"与"适用性"的区别。在产品质量中对"合格品"这一基本概念，从用户的感觉而言，绝非简单地划分为"合格品"与"不合格品"，这是一个典型的以"两值逻辑"为基础的思维方法。从模糊理论角度分析，在"合格"与"不合格"之间设定静止的界点是不合理的，而在两者之间，在各质量等级之间存在事实上的"渐变"和"过渡"，因此，静止的界点应让位于弹性的边界。

图 2 - 17 与图 2 - 18 可以揭示质量的模糊属性。从"合格"与"不合格"的二元抉择拓展到模糊"合格"与"不合格"，由静止界点产生连续取值的"合格程度曲线"，实际上是对质量标准的一个更为精细的数量分析方法。因此，应用模糊集理论方法对质量进行研究，是"精确化"的趋势。

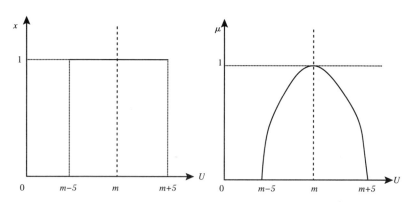

图 2 - 17（a） 规格符合性质量标准　　图 2 - 17（b） 适用性质量标准

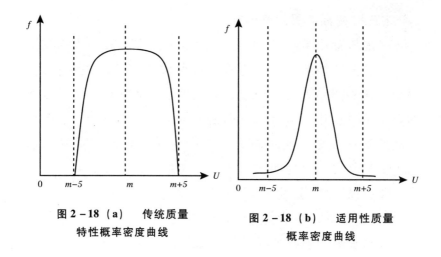

图 2 – 18（a）　传统质量
特性概率密度曲线

图 2 – 18（b）　适用性质量
概率密度曲线

　　另一个非常突出的模糊质量的例子，是感官质量检验方面的研究。相关文献对啤酒的质量检验方法进行了介绍，指出评价啤酒质量优劣的感官检验方法包括"看泡沫""闻香味"和"尝味道"，并对质量优劣的标准给出了语言描述：如"啤酒酒液清澈、透明、光亮，无悬浮物或沉淀物"和"闻有明显的酒花清香、纯净的麦芽香或酯香味者为优"等；另外，还有文献对浓香型白酒生产中的感官检验方法进行了探讨。大多数文献的感官检验方法均是基于描述性语言的，显然不能避免检验误差的产生，检验判断时也往往主观臆断，缺乏科学性和合理的公正性，并且难以对所有的检验数据进行统计分析。上述困难就在于未能对质量的模糊属性进行数量化转化。

　　模糊质量概念的提出不是质量管理相关研究的退步，是不得已而为之，且是质量研究的深化及精确化的表现。模糊质量的研究将以科学方法为基础，将质量问题中相关的模糊概念明确化和数量化。

### （三）模糊质量的数量化

考虑模糊质量时，它的适宜性质量标准可表示为模糊集形式。在某些情形，产品的质量特性值或有关的质量描述，很难或无法用精确的数据或数学式表示，这时有关质量特性的观察结果也比较适宜用模糊集表示。相关文献介绍了模糊质量的度量方法，针对质量控制中存在的模糊质量样本信息，文献将之划分为两类：

① 测量型的模糊质量控制信息；

② 感觉型的模糊质量控制信息。

显然后者为模糊质量控制的最主要的应用领域，一个明显的例子是感官质量检验及由此衍生的感官质量控制问题。

为使控制图方法能应用于模糊质量监测与控制，一个先决条件是实现对模糊样本信息的数量化处理，即将模糊质量评价的具体指标依某种方式转换成具体数量值，如啤酒感官检验中对泡沫指标的评价包括"丰富"等评价标准，此时需要将该评价标准转换成相应的数量值。模糊的样本信息转换成合适的质量特性值的描述，为控制图方法的应用提供了可能。

依据模糊质量的度量形式的不同，相应的模糊度量方法也有区别，相关文献研究介绍了四种方法：模糊集距离法、模糊集代表值法、语言值法和加权合成法。现主要介绍模糊集距离法与模糊集代表值法。

1. 模糊集距离法

模糊集距离是用来表示两模糊集合的接近程度的指标，其与距离这一概念恰好相反，模糊集距离越接近于 1，表明两个模糊集越接近；模糊集距离越接近于 0，表明两个模糊集越分离。模糊集距离是描述两个模糊集合相似或者贴近程度的一个重要数量指标，它最早由我国学者汪培庄教授提出。

为便于介绍，考虑单个抽样的情形。设模糊集 $A$ 表示标准品，抽样的样本构成一个模糊集，记为 $B$，假设 $A$ 和 $B$ 的隶属函数均已确定，我们就可以计算 $A$、$B$ 之间的模糊集距离 $N$ $(A, B)$，它为一具体的数值。通过这一方法，我们将模糊样本信息转化为具体的数量值。模糊集距离表示两个模糊集之间贴近的程度，$N$ $(A, B)$ 就是所取样本集 $B$ 与标准品集 $A$ 的贴近程度，其数学定义如下。

$F$ $(U)$ 为论域 $U$ 生成的 $\sigma$ 代数，设 $A$、$B$、$C \in F$ $(U)$，若映射 $N$: $F$ $(U)$ $\times F$ $(U)$ $\rightarrow$ $[0, 1]$ 满足条件：

① $N$ $(A, B)$ $= N$ $(B, A)$；

② $N$ $(A, A)$ $= 1$，$N$ $(U, \varphi)$ $= 0$；

③ $A \subseteq B \subseteq C \Rightarrow N$ $(A, C)$ $\leqslant N$ $(A, B)$ $\wedge N$ $(B, C)$。

则称 $N$ $(A, B)$ 为模糊集 $A$ 与 $B$ 的模糊集距离，$N$ 称为 $F$ $(U)$ 上的模糊集距离函数。

常见的模糊集距离函数的形式有：

（1）距离模糊集距离。当 $U$ 为有限论域即 $U = \{u_1, u_2, \cdots, u_n\}$ 时，距离模糊集距离定义为：

$$N(A,B) = 1 - \frac{1}{n^{1/P}}\Big[\sum_{i=1}^{n} |\mu_A(u_i) - \mu_B(u_i)|^P\Big]^{1/P} \qquad P > 0$$

$$(2.7.3)$$

当 $P = 1$ 时，$N$ $(A, B)$ 称为海明（Hamming）模糊集距离；当 $P = 2$ 时，$N$ $(A, B)$ 称为欧几里得（Euclid）模糊集距离。

若 $U = [a, b]$，则有：

$$N(A,B) = 1 - \frac{1}{(b-a)^{1/P}}\Big[\int_a^b [\mu_A(u) - \mu_B(u)]du\Big]^{1/P} \qquad P > 0$$

(2.7.4)

（2）最小最大模糊集距离。当 $U = \{u_1, u_2, \cdots, u_n\}$ 时，最小最大模糊集距离为：

$$N(A,B) = \frac{\sum_{i=1}^{n} A(u_i) \wedge B(u_i)}{\sum_{i=1}^{n} A(u_i) \vee B(u_i)} \qquad (\text{设 } A \cap B \neq \varphi) \qquad (2.7.5)$$

式中，"$\vee$""$\wedge$"分别表示上确界 sup 和下确界 sub。

（3）测度模糊集距离。若 $U = [a, b]$，定义测度模糊集距离为：

$$N(A,B) = \frac{\int_{-\infty}^{+\infty} [A(u) \wedge B(u)]du}{\int_{-\infty}^{+\infty} [A(u) \vee B(u)]du}$$

(2.7.6)

（4）格模糊集距离：

$$N(A,B) = (A \cdot B) \wedge (A \circ B)^c$$

(2.7.7)

式中，$A \cdot B = \bigvee_{u \in U} [\mu_A(u) \wedge \mu_B(u)]$ 为模糊集 $A$ 与 $B$ 的内积，$A \circ B = \bigwedge_{u \in U} [\mu_A(u) \vee \mu_B(u)]$ 为模糊集 $A$ 与 $B$ 的外积，符号 $c$ 为模糊集的补运算。

以上四种模糊集距离的函数形式均满足模糊集距离定义中的条件，在实际应用中应依据所研究的问题选择合适的模糊集距离函数。可以看出，模糊集距离指标 $N(A, B)$ 的取值范围为区间 $[0, 1]$，$N(A, B)$ 越靠近 1，表示模糊集 $A$ 与 $B$ 越接近，$N(A, B)$ 越靠近 0，表示模糊集 $A$ 与 $B$ 的差异越大。因此模糊集距离指标的变化在一定程度上反映生产过程的质量波动状况。

本节研究的模糊集距离指标为 $N'(A, B) = 1 - N(A, B)$。由此，当 $N'(A, B)$ 值越接近于 0，表示越接近理想的状态，而 $N'(A, B)$ 越接近 1，表示越接近不理想状态。

2. 模糊集代表值法

如果某一样本是通过一个对应的模糊集表示的，为使模糊集样本量化，可以通过选择（计算）模糊集的某一代表值作为样本的观测值，这一方法称为模糊集代表值法。该方法根据选择的代表值不同一般包括下面四种具体方法。

（1）模糊众数（Fuzzy Mode）。取模糊集 $B$ 中隶属度为 1 的值作为模糊集的模糊众数，记为 $f_{mod}$，表达式为：

$$f_{mod} = \left\{ x \,\middle|\, \mu_B(x) = 1 \right\} \qquad \forall x \in U \qquad (2.7.8)$$

显然，当隶属函数是单峰时，模糊众数是唯一的。

（2）$\alpha$ 截集的模糊中列数（$\alpha$ – Level Fuzzy Midrange）。$B_\alpha = \left\{ x \,\middle|\, \mu_B(x) \geq \alpha, x \in U \right\}$ 称为模糊集 $B$ 的 $\alpha$ 截集，该 $\alpha$ 截集的两个端点记为 $a_\alpha$，$b_\alpha$，则 $\alpha$ 截集的模糊中列数 $f_{mr}(\alpha)$ 的表达式为：

$$f_{mr}(\alpha) = \frac{1}{2}(a_\alpha + b_\alpha) \qquad (2.7.9)$$

（3）模糊中位数。模糊中位数 $f_{med}$ 的计算式为：

$$\int_a^{f_{med}} \mu_B(x)\,dx = \int_{f_{med}}^b \mu_B(x)\,dx = \frac{1}{2}\int_a^b \mu_B(x)\,dx \qquad (2.7.10)$$

（4）模糊均值。模糊均值 $f_{avg}$ 的计算式为：

$$f_{avg} = \frac{\int_0^1 x\mu_B(x)\,dx}{\int_0^1 \mu_B(x)\,dx} \qquad (2.7.11)$$

语言值法和加权合成法将在本节下文的模糊图控制方法的综述中进行介绍。上述方法是模糊质量常用的度量方法，也是本节在进行模糊质量特性控制研究中基础数据转化所使用的方法。

本书引入模糊集距离理论建立质量特性值指标，可使质量水平的测量结果更为准确。在模糊集距离指标的模型构建中，对质量特性值进行量化，获得模糊集距离指标的量化结果，通过这种方法将模糊技术引入控制图中，将探讨解决传统控制图无法对具有模糊性的质量特性值指标进行控制的问题。模糊控制技术也可应用于感官质量评价，将克服现有感官质量评价方法只是简单赋值和求平均的局限，从而力图发现实际生产过程中出现的异常波动。

## 二 模糊控制图设计方法的国内外研究现状

质量控制方法的核心是统计控制方法，即控制图方法。该方法源于 20 世纪 30 年代休哈特的研究。国际标准化组织（ISO）为了规范控制图的应用，以 *Economic Control of Quality of Manufactured Product* 为基础，充分参考 L. S. Nelson 对控制图方法进一步的研究成果，制定了一系列控制图国际标准，如 ISO 8258：1991。我国采用 ISO 8258：1991 制定了控制图的国家标准 GB/T 4091 - 2001。但由于实际生产过程的复杂性，常规控制图的应用具有局限性。20 世纪 80 年代初期以来，控制图方法的研究引起了质量管理领域和应用统计领域研究学者的充分关注，关于控制图方法的研究不断有新的成果发表，国际质量界权威期刊 *Journal of Quality Technology* 近年来刊登的论文中，涉及控制图方法研究的论文占有较大的比例。

在控制图设计研究方面，先后出现了一些比较有影响的控制图，以下介绍几个具有代表性的控制图：

①E. S. Page 在 1954 年应用序贯分析原理，提出的累积和控制图。其基本思想为：由于常规控制图仅利用了过程当前点子的信息，并未充分利用整个样本点子的信息，因此对过程的小变动不够灵敏；累积和控制图将一系列点子的微弱信息累积起来，因此对过程的小变动比较灵敏。

②Hunter 提出的指数加权移动平均控制图（EWMA）。其基本思想为：与累积和控制图类似，EWMA 图利用了所有的历史数据，但 EWMA 图可以对不同阶段的数据取不同的权重，距当前越近的数据权重越大。

③Thomas W. Calvin 提出的累积合格品数控制图（Cumulative Counts of Conformance，CCC），用于高合格率产品生产过程的计数型变量的过程控制，避免当不合格品率极低时，计数型变量控制图的样本量过大的问题。

④Charles P. Quesenberry 于 1991 年提出的 Q 控制图，用于解决小批量生产以及大批量、过程刚刚开始时的控制图绘制问题。

⑤我国著名质量管理专家张公绪于 1981 年提出的选控控制图等。

关于在模糊观察条件下质量控制图的建立已有研究，相关文献均有介绍。本书选择具有代表性的两个研究成果进行介绍：

①Wang 和 Raz（1990）以模糊集理论为基础，首次建立了针对语言变量的控制图，提出了四种语言数据转换为对应代表值（模糊核值、区间值、中值和均值）的模糊控制图方法。

②Kanagawa（1993）等人通过 Zadeh 的模糊事件的概率测度，定义了模糊数据的贝叶斯代表值。

现有文献中模糊控制图的代表值方法，或是强调模糊数据某一特定水平的 $\alpha$ - 截集，如模糊值、区间值方法；或是考虑模糊数据等于或者高于某一特定水平的 $\alpha$ - 截距的信息，如模糊中值方法；或是对所有水平的数据信息同等看待，如模糊均值方法。

正如 Hryniewicz（2008）指出的那样，这些样本统计量非模糊化代表值可能会导致一些重要信息的损失。这在很大程度上是因为没有充分、准确地利用模糊数据不同 $\alpha$ 水平所包含的不同信息量。

上述研究工作对质量控制图的应用和推广做出了有益的贡献，他们所提出的方法大致呈现两个技术特征：一种是对模糊质量数据的代表值使用概率假设检验法则；另一种是对模糊数据使用基于可能性理论的软控制法则。然而，如何优化处理过程质量数据的模糊性和随机性仍然是一个十分重要的问题，也是本书的研究重点和希望解决的实际问题。

## 三 模糊质量控制图的研究进展

### (一) 模糊控制图方法国外相关研究

模糊理论应用于控制图的相关方法已经引起相关学者的重视，概念及方法的研究取得了一定进展。

1. 基于语言值变量的研究进展

为了克服传统控制图中对质量特性值的两分法的局限性（例如 P 控制图和 C 控制图），已有文献将质量特性值描述为多元特性值，基于概率理论研究了多元质量控制图的设计；还有文献采用语言值如"优秀""良好""适中""较差"和"差"来描述产品的质量水平，而不是使用传统的"合格品"和"不合格品"的概念，该方法即称为语言值法。为发展基于语言值的质量控制图（一类模糊控制图），不同语言值的隶属函数值被定义在区间 [0, 1] 上，见图 2 - 19。

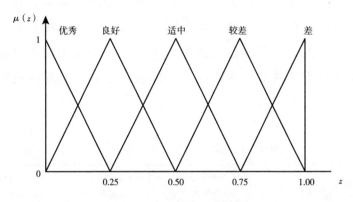

图 2 - 19　语言值隶属函数

已有研究使用的一类建立控制图的方法被称为概率方法，该方法通过计算隶属函数的众数、中位数或模糊平均值等数字特征进而运用加权方法得到语言数据的代表值，进而可以运用传统的基于概率统计方法（隐含地假设了代表值随机变量服从正态分布）的控制图方法建立语言值控制图。还有文献使用的另一类方法被称为隶属函数法，该方法运用语言值观测数据集的隶属函数，经过合成加权的方法得到代表值的隶属函数，将其代表值作为控制图的中心线，进而使用代表值的偏离值计算控制图的控制线。

多数模糊控制图研究均采用语言值描述过程的产出结

果，不过建立控制图的方法各不相同，例如，以语言值作为模糊数据，采用 Zadeh 概率函数计算语言值变量出现的概率，控制线由过程处于稳态时要求的质量特性值超出控制区域的概率确定。将以往文献对模糊控制图研究的比较结果总结为表 2-4，并运用度量控制图表现的控制图平均链长指标，采集实际数据对相关控制图的控制效果进行了深入分析，并检验了相关控制图对模糊程度变化的敏感性。基于该数据集的分析结果表明，控制图的表现受样本模糊程度和转化方法的影响，其中结合模糊概率方法、模糊中位数方法和隶属函数方法建立的模糊控制图的表现较好，其对模糊程度更敏感。

表 2-4　部分语言值控制图方法的比较

| 控制图类型 | 广义 P - 控制图 | 模糊控制图——概率方法 | 模糊控制图——隶属函数方法 | 非正态模糊控制图 |
|---|---|---|---|---|
| 理论基础 | 概率理论 | 模糊理论与概率理论 | 模糊理论 | 模糊理论 |
| 目标 | 将 P - 控制图拓展到多元过程 | 运用模糊理论得到样本的一个代表值,假设这些代表值服从正态分布 | 运用模糊理论将所有观测值转化到一个模糊子集上 | 运用语言值服从的 Zadeh 概率函数确定语言值样本的代表值 |
| 中心线 | 无中心线 | 初始样本代表值的算术平均值 | 加总的模糊子集的代表值 | 基于样本代表值的加权平均值 |
| 控制线 | 上控制线为 $\chi^2$ 分布数的某一百分位数 | 上、下控制线由模糊集代表值的计算公式及正态分布下的控制图的计算公式确定 | 上、下控制线使用模糊数学及模拟方法确定 | 运用 Gram-Charlier 序列和概率极限方法确定 |

续表

| 控制图类型 | 广义 P - 控制图 | 模糊控制图——概率方法 | 模糊控制图——隶属函数方法 | 非正态模糊控制图 |
|---|---|---|---|---|
| 样本量大小 | 需要充分大的样本量确保观测值服从 $\chi^2$ 分布 | 控制线依赖样本量的大小 | 控制线不依赖样本量的大小 | 控制线依赖样本量的大小 |
| 评论 | 一旦质量发生变动,不能确定是发生质量改进还是出现质量问题 | 划分的原因不能够清晰定义 | 划分的原因不能够清晰定义 | 概率分布函数不确定 |

表 2 - 4 显示,已有文献提出的模糊控制图包含两个相互补充的描述模糊观测值变动的控制图。第一个控制图将描述过程水平的所有模糊样本均值的代表值作为中心线,每一个样本被转化为表示样本均值模糊集的一个区间,这些区间在控制图上被标出,一旦该区间未穿过中心线即表示过程出现了异常。每一个区间在另一个控制图上表示一个观测值,表示过程异常的可信程度。

上述文献给出的控制图设计方法均通过计算总样本均值的代表值确定控制图的中心线和控制线,上述转化方法在一定程度上丢失了描述过程水平的模糊性的相关信息,相应控制图也丢失了原始数据的某些信息。

为了保持质量模糊性的信息,广义 P - 控制图是基于对模糊假设的统计检验方法建立的一类模糊控制图,利用严格占优的必要性指数检验模糊假设,该方法需要使用者指定严格占优的必要性指数值 $\xi$,进而使用总样本均值的 $1 - \xi$ 水平的区间确定控制图的中心区域,从而可以估计过程水平。每一样本均值的 $1 - \xi$ 水平的区间代表了控制图的一个观测值。若该区间落在控制界限外，则表示过程出现了异常。

上述控制图方法均是基于隶属函数发展起来的，实际上该隶属函数的赋值形式是比较随意的，并未充分考虑实际的模糊质量情形，例如并未将专家的主观判断包含进来。针对隶属函数赋值的局限性，已有研究基于检测人员对检测质量特性值的赋值即专家赋值法，使用模糊数代表过程的模糊质量水平，进而直接建立模糊数观测值的模糊控制图。该控制图方法包括控制图设计的预备阶段和控制图的使用阶段。在预备阶段，专家对产品的质量水平给出评估值，各个赋值借助模糊数的计算形成总体评价；在使用阶段，通过模糊回归模型将产品的专家评价指标转化为模糊数，进而在控制图上打点。该方法运用概率统计方法设计控制图并建立判异准则，该控制图不仅可以监控过程质量的变化，还可以显示评价指标的模糊程度的变化。

Franceschini F. 等详细讨论了将二元质量数据（合格与不合格）划分为多元语言值的方法。该方法首先建立符合一定特性的质量评价函数，得出相应的语言值，进而运用基于模糊集理论的排序加权平均法确定样本的代表值。同样基于排序加权平均法可以确定与休哈特控制图系列中的均值 - 极差控制图相对应的模糊控制图的中心线和控制线。

国外文献首先分析语言值数据的分布拟合，运用估计的概率分布函数建立一个序列概率比率检验程序，从而建立相应的控制图，并运用模拟方法比较了给出的控制图和传统的休哈特控制图的控制效果，基于平均链长指标的比较结果显示，该方法给出的控制图对于小的过程均值的偏移更加灵敏。

Murat Gülbay 等人运用基于语言值变量的 $\alpha$ 截集的模糊中列数指标，设计了 $\alpha$ 截集模糊控制图，通过该控制图可以定义质量检测的紧密程序：$\alpha$ 截集越高，则质量检测的要求越高。该方法进一步将 $\alpha$ 截集模糊控制图与前文介绍的部分控制图进行了比较。

还有一种"直接模糊方法"（即避免了上述部分文献将模糊信息进行转换以建立控制图的缺陷），并应用于模糊控制图的设计，进而研究了如何实现过程的判异，提出运用模糊概率对质量控制过程进行判异的方法。

2. 模糊质量控制图的其他方法

（1）运用均值和方差指标设计了模糊休哈特控制图，探讨了样本量大小、判异准则和相关的检测问题。

（2）发展了一类称之为神经 - 模糊程序的合成方法，即将神经网络方法应用于模糊集系统对质量特性值进行分类。这一方法运用一组三角隶属函数和梯形隶属函数定义模糊集，以描述落入运用神经网络方法得出的质量特性值区域的质量特性值。

（3）描述了另外一类合成方法，同样是运用一组隶属函数描述落入控制图不同区域的质量特性值，从而建立一个基于控制图区域判异准则的模糊推断系统，这一推断系统同样采用了神经网络方法。

（4）设计了一个系统，通过模糊集将指数加权移动平均控制图和累积和控制图的监测值结合起来，确定工业制浆操作中某一趋势是否出现。

（5）针对一个关键质量特性值表示的生产过程的受控状态的情形，研究了该情形下的控制图的设计。运用模糊集方法中的 Centred 集和 Random 集得出单一的质量特性值，详细分析了样本的模糊集隶属程度如何确定及单一的质量特性值如何得出。该方法研究了当存在三种过程异常（平移、趋势、循环）时控制图的控制效果，并与传统的控制图方法进行了比较。

（6）结合模糊敏感性标准和模糊自适应抽样规则提出了一类新的合成方法，使建立的控制图在保持低错误报警概率的基础上更加灵敏。这一方法基于一个简单的策略：基于当前过程模糊状态的变动的控制图参数（变化的样本量及样本区间），运用模糊运行准则推断过程状态。

（7）传统控制图中的质量特性值是二分的：质量特性值落在控制图内或在控制图外，从而表示过程处于受控状态或出现异常。这一划分过于严格，需要引入模糊集理论对质量特性值进行描述，提出基于 $\alpha$ 截集的模糊中列数指标，建立与休哈特控制图系列中的均值 - 极差控制图和均值 - 标准差控制图对应的模糊控制图，从而提高传统控制图中控制界限的灵活性。

**（二）模糊控制图方法国内相关研究**

国内对模糊控制图方法的相关研究还较少，研究成果也不够丰富。

一是对模糊质量控制问题进行了研究，提出建立模糊集距离控制图、基于模糊集代表值的控制图、基于语言值的控制图和基于加权合成值的控制图。需要指出的，该研究建立了模糊集距离控制图的概念框架，但对于模糊集距离控制图的具体方法未展开研究。

二是对感官质量检验的数量化转化的尝试，运用模糊集理论方法对感官质量检验的结果进行了赋值，并编写了计算机运行程序，探讨了模糊数学法在感官质量检验领域的应用。

三是基于模糊随机变量概念，利用随机变量和模糊度相结合的方法描述模糊质量数据，通过中心变量与数据的模糊度的合理结合来给出 $LR$ – 模糊质量数据的代表值及其计算方法，再应用经典累积和控制图技术建立代表值累积和控制图。

四是基于一定的隶属函数，得出样本值的隶属度，在此基础上，在给定的置信水平下，确定模糊控制图的上、下控制线，根据不同的置信水平可得出一组动态的模糊控制图。由此得出样本单值、样本均值和不合格品率的模糊控制图。

五是指出传统计数型控制图由二分法对产品质量的分类，与产品质量的渐进而非突变过程不相符，难以满足对过程及产品质量的精细化控制的状况。进而提出由专家组对产品质量进行主观评分，对此模糊结果统计分析，以模糊数的形式表示产品质量水平，并以此模糊数绘制控制图，应用可能性测度、必要性测度两种方法对过程中心趋势以及模糊度进行监控，以此判断过程的受控状态，实现对具有模糊质量特性的生产过程的监控。

六是在分析产品质量模糊性及 Taguchi 平方型质量损失函数局限性的基础上，应用模糊理论对 Taguchi 损失模型进行拓展，提出了模糊质量损失和模糊质量损失成本的概念，建立了相应的模糊质量损失模型。

基于上述研究，可以总结应用模糊质量损失模型实现公差稳健设计的两种方法：由模糊质量损失成本构造综合成本作为目标函数；制定一个最大模糊质量损失作为稳健性约束。并运用公差设计实例进行了验证，结果表明该方法是合理有效的。

总体来看，模糊质量控制图与传统质量控制图的区别和联系可以概括如表 2 - 5 所示。

表 2 - 5 模糊质量控制图与传统质量控制图的比较

| | 传统质量控制图 | 模糊质量控制图 |
|---|---|---|
| 质量特性数量 | 1. 单一质量特性<br>2. 历史数据判定 | 1. 多个质量特性<br>2. 专家判定法 |
| 基本周期数据判断能力 | 过程处于统计控制状态 | 当前过程信息:过程处于统计控制状态 |
| 优点 | 1. 易于监测单个质量特性变化<br>2. 更客观 | 1. 提供了更准确的过程控制准则<br>2. 模糊推理方便,更具有柔性 |
| 不足 | 1. 控制线刚性<br>2. 样本量影响控制线的宽度<br>3. 历史数据节点选择影响控制线 | 1. 判断结论基于主观经验<br>2. 传统控制图的其他规律不适用模糊质量控制图 |

从表 2 - 5 可以看出，无论传统休哈特控制图还是模糊质量控制图都存在局限性，共同点表现在都以一定量的周期性数据基础进行质量波动监控。对于传统控制图来说，只能针对单一质量特性数据信息。传统控制图比较容易绘制，比较客观，其不足在于控制线确定后就固定不变，控制线区间受样本量的限制。模糊质量控制图可以用于多个质量特性，过程数据及过程可以不服从正态分布，控制图的控制线参考了专家的经验，所以更加灵活。但这也说明模糊控制图存在非客观的因素，传统控制图应对系统变化的方法在模糊控制图中无法应用。

## 第八节 本章小结

本章对控制图的原理进行了详细介绍，对模糊集的理论及传统控制图的研究作了阐述，以此为基础，对模糊控制图的研究进展进行了综述。可以得出，模糊控制图的研究集中于两个方面：一方面是将传统的合格、不合格的质量概念拓展为多元质量概念，基于语言值变量，运用模糊集理论和概率理论研究模糊控制图的设计，进一步扩展的研究是将质量特性值直接用模糊集及相关隶属函数进行转换，进而建立模糊控制图；另一方面是将控制图的分类区域用模糊集表示，进而建立新的模糊控制图对控制图的监测进行改进，从而使控制图的监控更加灵敏。

本书的研究将借鉴第一类研究思路，提出用模糊集理论中的模糊集距离指标对模糊质量特性值进行描述，建立合适的模糊集距离指标后，通过引入概率统计中的相关方法研究基于模糊集距离指标的控制图方法：包括模糊集距离控制图的统计基础、控制图的控制线和中心线的设计、对应的过程能力指数的计算公式及其统计特性分析等。

# 第三章
# 用于拟合模糊集距离指标的
# 随机变量分布的统计特性

在大多数情况下，都假定质量特性服从正态分布。然而在实际生产中，过程分布常常向正向或负向偏移，因此正态分布在很多情况下，效果并不理想。模糊集距离指标的取值范围在 [0，1] 内，而且模糊集距离指标值越小表示质量特性越令人满意。针对上述模糊集距离指标值的随机变动特征，本书提出用 Beta 分布对模糊集距离指标值的随机变动进行拟合。上一章详细地介绍了国内外对模糊控制图设计方法的研究现状、方法及特点，同时，介绍了模糊集距离的概念及数学含义。为此，本章首先介绍 Beta 分布及其曲线特性，以及作为质量特性总体的分布；其次将对模糊集距离指标以及 Beta 分布的相关内容进行研究。

关于在模糊观察条件下，质量控制图的建立已有相关学者，如 Wang 和 Raz（1990），Raz 和 Wang（1990），Kanagawa、Tamaki 和 Ohta（1993），Grzegorzewski（1997，2000），Taleb 和 Limam（2002），Tannock（2003）及 Cheng

（2005）等的研究。这些研究工作对质量控制图的推广做出了有益的贡献。他们所提出的方法大致呈现两个技术特征：一种是对模糊质量数据的代表值使用概率假设检验法则；另一种是对模糊数据使用基于可能性理论的软控制法则。然而，如何优化处理过程质量数据的模糊性和随机性仍然是一个十分重要的问题。

本书采用第一种研究类型，以 Beta 分布作为概率假设检验法则的技术基础。下面介绍 Beta 分布的相关特性。

## 第一节 Beta 分布的分布曲线特性分析

Beta 分布是一种应用广泛的重要统计分布，具有有界性、多态性。该分布的特点是随机变量的取值范围为（0，1），诸如不合格品率、机器的维修率、市场的占有率及射击命中率等，各种比率常运用 Beta 分布进行拟合。

用 Beta 分布描述质量特性，不仅以统一形式反映了质量特性分布的多种形态，与传统的以正态分布描述质量特性相比较，更精确地描述了质量分布规律。根据试验验证，以 Beta 分布规律为前提进行实际现象的分析，可以更好地符合企业生产实际情况。通过调整参数，Beta 分布可以近似包括正态分布在内的多种对称的和有偏的分布。

类似地，可以运用 Beta 分布拟合模糊集距离指标值随机变量。

Beta（$a$，$b$）分布的密度函数表达式为：

$$f(x;a,b) = \begin{cases} \dfrac{\Gamma(a+b)}{\Gamma(a)\Gamma(b)} x^{a-1}(1-x)^{b-1} & 0 < x < 1 \\ 0 & \text{其他} \end{cases} \tag{3.1.1}$$

式中, $\Gamma(r) = \int_0^{+\infty} x^{r-1} e^{-x} dx$ 。

当分布参数 $a$ 和 $b$ 取值不同时, Beta 分布的密度函数曲线具有不同的特点, Beta 分布的密度函数曲线的变化如图 3 - 1 所示。

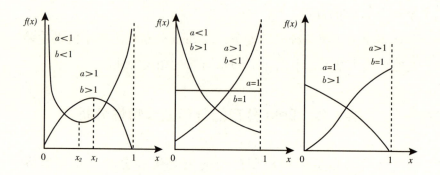

图 3 - 1 参数取不同值时 Beta 分布的密度函数曲线的变化

可以看出, 当 $a > 1$ 且 $b > 1$ 时, Beta 分布为单峰分布, 用于拟合本书所研究的模糊集距离指标值的随机变动较合适, 示例见图 3 - 2 和图 3 - 3。

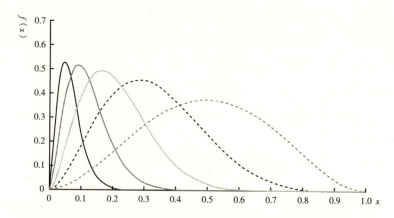

图 3 - 2 Beta 分布密度函数 (从左至右 $a = 2$, $b = 40$, 20, 10, 5, 2)

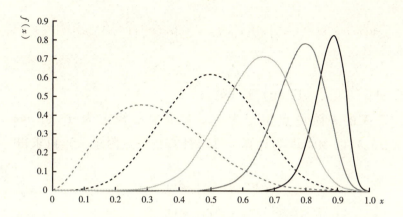

图 3 – 3　**Beta 分布密度函数**（从左至右 $a = 2$，$5$，$10$，$20$，$40$，$b = 5$）

从图 3 – 2 和图 3 – 3 可以看出，当 $a$ 保持不变时，伴随 $b$ 的减小，Beta 分布的密度函数曲线的峰部向右移动，函数左偏程度减小且峰度变小；当 $b$ 保持不变时，伴随 $a$ 的减小，Beta 分布的密度函数曲线的峰部向左移动，函数右偏程度减小且峰度变小；当参数 $a$ 和 $b$ 较小时，Beta 分布的密度函数的峰度较小、方差较大；当参数 $a$ 和 $b$ 较大时，Beta 分布的密度函数的峰度较大、方差较小。另外，上述 Beta 分布的密度函数的变化反映 Beta 分布密度函数关于参数 $a$ 和 $b$ 是对称的。

## 第二节　Beta 分布随机变量的数字特征

为了更详细地阐述 Beta 分布的数学特征，本书介绍以下概念。

### 一　矩母函数

对于服从 Beta $(a, b)$ 的随机变量 $X$，其矩母函数为：

$$M_X(t) = E(e^{tX}) = \int_{-\infty}^{+\infty} e^{tx} f(x;a,b) dx = \int_0^1 c e^{tx} x^{a-1} (1-x)^{b-1} dx \qquad (3.2.1)$$

式中，$c = \dfrac{\Gamma(a+b)}{\Gamma(a)\Gamma(b)}$。

$X$ 的 $k$ 阶原点矩记为 $\alpha_k$，$k$ 阶中心矩记为 $\mu_k$（$k = 1$，$2$，$\cdots$），以 Matlab 为计算工具（计算程序见附录一）可求得：

$$
\begin{aligned}
\alpha_1 &= M'_X(0) = \int_{-\infty}^{\mu} c x^a (1-x)^{b-1} dx \\
&= \frac{\Gamma(a+b)\Gamma(a+1)}{\Gamma(a)\Gamma(a+b+1)} \\
&= \frac{a}{a+b}
\end{aligned}
\qquad (3.2.2)
$$

$$
\begin{aligned}
\alpha_2 &= M''_X(0) = \int_{-\infty}^{\mu} c x^{a+1} (1-x)^{b-1} dx \\
&= \frac{\Gamma(a+b)\Gamma(a+2)}{\Gamma(a)\Gamma(a+b+2)} \\
&= \frac{a(a+1)}{(a+b)(a+b+1)}
\end{aligned}
\qquad (3.2.3)
$$

$$
\begin{aligned}
\alpha_3 &= M_X^{(3)}(0) = \int_{-\infty}^{\mu} c x^{a+2} (1-x)^{b-1} dx \\
&= \frac{\Gamma(a+b)\Gamma(a+3)}{\Gamma(a)\Gamma(a+b+3)} \\
&= \frac{a(a+1)(a+2)}{(a+b)(a+b+1)(a+b+2)}
\end{aligned}
\qquad (3.2.4)
$$

$$
\begin{aligned}
\alpha_4 &= M_X^{(4)}(0) = \int_{-\infty}^{\mu} c x^{a+3} (1-x)^{b-1} dx \\
&= \frac{\Gamma(a+b)\Gamma(a+4)}{\Gamma(a)\Gamma(a+b+4)} \\
&= \frac{a(a+1)(a+2)(a+3)}{(a+b)(a+b+1)(a+b+2)(a+b+3)}
\end{aligned}
$$
$$(3.2.5)$$

$$\mu_1 = E(X - EX) = \frac{a}{a+b} \qquad (3.2.6)$$

$$\mu_2 = E(X - EX)^2 = a_2 - a_1^2 = \frac{ab}{(a+b)^2(a+b+1)} \quad (3.2.7)$$

$$\mu_3 = E(X - EX)^3 = a_3 - 3a_1a_2 + 2a_1^3$$
$$= \frac{2ab(b-a)}{(a+b)^3(a+b+1)(a+b+2)} \quad (3.2.8)$$

$$\mu_4 = E(X - EX)^4 = a_4 - 4a_1a_3 + 6a_2a_1^2 - 3a_1^4$$
$$= \frac{3ab(2a^2 + 2b^2 - 2ab + a^2b + ab^2)}{(a+b)^4(a+b+1)(a+b+2)(a+b+3)}$$
$$(3.2.9)$$

## 二　数学特征

### (一) 数学期望

$$EX = \alpha_1 = \frac{a}{a+b} \quad (3.2.10)$$

由式 (3.2.10) 可以看出，当 $b/a \to \infty$ 时，总体分布的均值趋向于 0；当 $b/a \to 0$ 时，总体分布的均值趋向于 1。特别地，当 $b = a$ 时，总体分布的均值等于 1/2。

### (二) 方差

$$VarX = \mu_2 = \frac{ab}{(a+b)^2(a+b+1)} \quad (3.2.11)$$

由式 (3.2.11) 可以看出，参数 $a$ 和 $b$ 对于总体分布的方差的影响是等价的，$a$ 和 $b$ 越大，总体分布的方差越小。

### (三) 偏度系数

$$\beta_1 = \frac{\mu_3}{\mu_2^{3/2}} = \frac{2(b-a)\sqrt{a+b+1}}{(a+b+2)\sqrt{ab}} \quad (3.2.12)$$

由式 (3.2.12) 可以看出，当 $a = b$ 时，总体分布的偏度系数为 0；当 $b > a$ 时，偏度系数 $\beta_1 > 0$，分布右偏；当

$b < a$ 时，偏度系数 $\beta_1 < 0$，分布左偏。偏度系数随不同的 $a$ 和 $b$ 变化而变化，如图 3 – 4 所示。

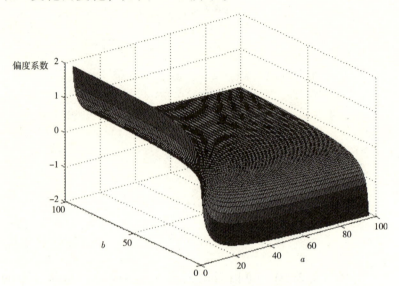

**图 3 – 4  随分布参数 $a$ 和 $b$ 变化的偏度系数**

从图 3 – 4 可以看出，伴随 $a$ 的增大，偏度系数逐渐变小，在 $b$ 较小（稍大于 1）的条件下趋向于极限值 2；伴随 $b$ 的增大，偏度系数逐渐变大，在 $a$ 较小（稍大于 1）的条件下趋向于极限值 2。这表明 Beta 分布的偏斜程度是有限的，因此在运用该分布拟合数据时需要检验数据的偏斜特征。

**（四）峰度系数**

$$\beta_2 = \frac{\mu_4}{\mu_2^2} = \frac{3(2a^2 + 2b^2 - 2ab + a^2b + ab^2)(a + b + 1)}{ab(a + b + 2)(a + b + 3)} \quad (3.2.13)$$

由式（3.2.13）可以看出，参数 $a$ 和 $b$ 对于总体分布的峰度系数的影响是等价的，峰度系数随 $a$ 和 $b$ 取值变化而变化的曲线如图 3 – 5 所示。

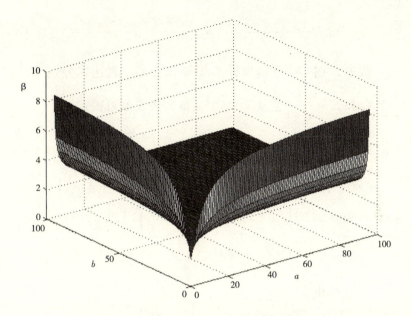

图 3 - 5　随分布参数 $a$ 和 $b$ 变化的峰度系数

从图 3 - 5 可以看出，当 $a$ 和 $b$ 均较小（稍大于 1）时，分布的峰度系数接近于 2；当 $a$ 和 $b$ 均充分大时，分布的峰度系数趋向于 3；当 $a$ 较小而 $b$ 充分大或 $b$ 较小而 $a$ 充分大时，峰度系数趋向于 9。

## 第三节　Beta 分布参数的估计

本书将讨论 Beta 分布参数的估计方法，以拟合模糊集距离指标的随机变量分布。其中矩估计是应用最广泛的。

### 一　矩估计

由式（3.2.10）和式（3.2.11）所得的分布的均值和方差计算式，可求得参数 $a$ 和 $b$ 的矩估计量为：

$$\hat{a} = \frac{\overline{X}(\overline{X} - \overline{X}^2 - S^2)}{S^2}, \quad \hat{b} = \frac{(1 - \overline{X})(\overline{X} - \overline{X}^2 - S^2)}{S^2} \quad (3.3.1)$$

式中，$\overline{X}$ 和 $S^2$ 分别为样本均值和方差，表达式分别为 $\overline{X} = \frac{1}{n}\sum_{i=1}^{n}X_i$ 和 $S^2 = \frac{1}{n-1}\sum_{i}^{n}(X_i - \overline{X})^2$。依相关文献可得：

$$E(\dot{a} + \dot{b}) = E\left(\frac{\overline{X} - \overline{X}^2}{S^2}\right) - 1 = \text{cov}\left(\overline{X} - \overline{X}^2, \frac{1}{S^2}\right) + E(\overline{X} - \overline{X}^2)E\left(\frac{1}{S^2}\right) - 1 >$$

$$\text{cov}\left(\overline{X} - \overline{X}^2, \frac{1}{S^2}\right) + E(\overline{X} - \overline{X}^2)\frac{1}{E(S^2)} - 1 = \text{cov}\left(\overline{X} - \overline{X}^2, \frac{1}{S^2}\right) +$$

$$\left[EX - (EX)^2 - \frac{\text{var}X}{n}\right]/\text{var}X - 1 = \text{cov}\left(\overline{X} - \overline{X}^2, \frac{1}{S^2}\right) + \left[EX - (EX)^2 - \frac{\text{var}X}{n}\right]/$$

$$\text{var}X - 1 = \text{cov}\left(\overline{X} - \overline{X}^2, \frac{1}{S^2}\right) + a + b - \frac{1}{n}$$

可以得出：

$$E(\dot{a} + \dot{b}) - (a + b) > \text{cov}\left(\overline{X} - \overline{X}^2, \frac{1}{S^2}\right) - \frac{1}{n} \quad (3.3.2)$$

本书运用 Matlab 6.5 生成 Beta（2，10）分布的随机数，随机数的样本量 $n$ 逐渐变大，可求得 $\text{cov}\left(\overline{X} - \overline{X}^2, \frac{1}{S^2}\right) - \frac{1}{n}$ 的值如图 3 - 6 所示（程序见附录二）。

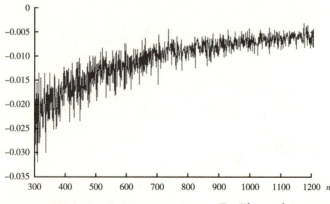

图 3 - 6 随样本量 $n$ 的增大而增大的 cov $(\overline{X} - \overline{X}^2, 1/S^2)$ $-1/n$

可以看出，伴随 $n$ 的增大，$\mathrm{cov}\left(\overline{X} - \overline{X}^2, \dfrac{1}{S^2}\right) - \dfrac{1}{n}$ 表现出单边趋向于 0 的趋势，且趋近速度较慢。Beta（2, 10）分布参数 $a$ 和 $b$ 的矩估计量的性质不能令人满意。

## 二 极大似然估计

对于取自 Beta（$a$, $b$）的样本 $u_1$，$u_2$，$\cdots$，$u_n$，Beta 分布的极大似然函数可表示为：

$$L(a,b) = \left[\frac{\Gamma(a+b)}{\Gamma(a)\Gamma(b)}\right]^n \prod_{i=1}^{n} u_i^{a-1} \prod_{i=1}^{n} (1-u_i)^{b-1} \qquad (3.3.3)$$

则有：

$$\ln L = n\ln\left[\frac{\Gamma(a+b)}{\Gamma(a)\Gamma(b)}\right] + (a-1)\sum_{i=1}^{n} u_i + (b-1)\sum_{i=1}^{n}(1-u_i) \quad (3.3.4)$$

### （一）顺序统计量的极大似然估计方法（I）

运用顺序统计量对式（3.3.4）进行极大似然估计，具体方法如下：

将抽样样本 $u_1$，$u_2$，$\cdots$，$u_n$ 从小到大进行排序得 $u_{(1)}$，$u_{(2)}$，$\cdots$，$u_{(n)}$，取其中的部分样本 $u_{(1)}$，$u_{(2)}$，$\cdots$，$u_{(m)}$（$m \leq n$），得出：

$$L(a,b) \propto \left[\frac{\Gamma(a+b)}{\Gamma(a)\Gamma(b)}\right]^n \prod_{i=1}^{m} u_{(i)}^{a-1}(1-u_{(i)})^{b-1}\left[\int_{u_{(m)}}^{1} t^{a-1}(1-t)^{b-1}dt\right]^{n-m}$$

$$(3.3.5)$$

式中，$\propto$ 表示"正比例于"关系，则有：

$$\ln L = C + n\ln\left[\frac{\Gamma(a+b)}{\Gamma(a)\Gamma(b)}\right] + (a-1)\sum_{i=1}^{m} u_{(i)} +$$

$$(b-1)\sum_{i=1}^{n}(1-u_{(i)}) + (n-m)\ln\int_{u_{(m)}}^{1} t^{a-1}(1-t)^{b-1}dt$$

式中，$C$ 为已知常数，令 $\partial \ln L / \partial a = 0$，$\partial \ln L / \partial b = 0$，可得：

$$R\ln G_1 = \psi(a) - \psi(a+b) - (1-R)\frac{I_1(u_{(m)};a,b)}{I(u_{(m)};a,b)} \quad (3.3.6)$$

$$R\ln G_2 = \psi(b) - \psi(a+b) - (1-R)\frac{I_2(u_{(m)};a,b)}{I(u_{(m)};a,b)} \quad (3.3.7)$$

其中，$R = m/n$，$G_1 = \left[\prod_{i=1}^m u_{(i)}\right]^{1/m}$，$G_2 = \left[\prod_{i=1}^m (1-u_{(i)})\right]^{1/m}$，$\psi(x) = \dfrac{d\ln\Gamma(x)}{dx} = \dfrac{\Gamma'(x)}{\Gamma(x)}$，$I(x;a,b) = \int_x^1 t^{a-1}(1-t)^{b-1}dt \ (0 \leqslant x \leqslant 1)$，$I_1(x;a,b) = \dfrac{\partial I(x;a,b)}{\partial a} = \int_x^1 t^{a-1}(1-t)^{b-1}\ln t\, dt \ (0 \leqslant x \leqslant 1)$，$I_2(x;a,b) = \dfrac{\partial I(x;a,b)}{\partial b} = \int_x^1 t^{a-1}(1-t)^{b-1}\ln(1-t)\, dt \ (0 \leqslant x \leqslant 1)$。令 $F_1(a,b) = \psi(a) - \psi(a+b) - (1-R)\dfrac{I_1(u_{(m)};a,b)}{I(u_{(m)};a,b)}$，$F_2(a,b) = \psi(b) - \psi(a+b) - (1-R)\dfrac{I_2(u_{(m)};a,b)}{I(u_{(m)};a,b)}$，则有：

$$R\ln G_1 = F_1(a,b) \quad (3.3.8)$$

$$R\ln G_2 = F_2(a,b) \quad (3.3.9)$$

依牛顿迭代法，对式（3.3.8）和式（3.3.9）进行一阶泰勒展开，得：

$$\begin{cases} R\ln G_1 = F_1(a_n,b_n) + (a_{n+1}-a_n)\left(\frac{\partial F_1}{\partial a}\right)_{a_n,b_n} + (b_{n+1}-b_n)\left(\frac{\partial F_1}{\partial b}\right)_{a_n,b_n} \\ R\ln G_2 = F_2(a_n,b_n) + (a_{n+1}-a_n)\left(\frac{\partial F_2}{\partial a}\right)_{a_n,b_n} + (b_{n+1}-b_n)\left(\frac{\partial F_2}{\partial b}\right)_{a_n,b_n} \end{cases} \quad n=0,1,2,\cdots$$

$$(3.3.10)$$

$F_1$ $(a, b)$ 和 $F_2$ $(a, b)$ 对 $a$ 和 $b$ 的偏导数用下列差分公式代替：

$$\begin{cases} \dfrac{\Delta F_i}{\Delta a} = \dfrac{F_i(a^*, b_n) - F_i(a_n, b_n)}{a^* - a_n} \\ \dfrac{\Delta F_i}{\Delta b} = \dfrac{F_i(a_n, b^*) - F_i(a_n, b_n)}{b^* - b_n} \end{cases} \quad i = 1, 2, \cdots$$

取 $a^* - a_n = 0.001$ 和 $b^* - b_n = 0.001$。对于完全样本和截尾样本的不同情形，确定参数 $a$ 和 $b$ 迭代的初始值如下。

① 当样本不存在截尾即 $m = n$ 时，参数 $a$ 和 $b$ 迭代的初始值 $a_0$ 和 $b_0$ 取为如式 （3.3.1） 所示的矩估计值 $\hat{a}$ 和 $\hat{b}$，即：

$$a_0 = \frac{\overline{X}(\overline{X} - \overline{X^2} - S^2)}{S^2}, \quad b_0 = \frac{(1 - \overline{X})(\overline{X} - \overline{X^2} - S^2)}{S^2} \quad (3.3.11)$$

② 当样本为截尾数据即 $m < n$ 时，可得出迭代初始值 $a_0$ 和 $b_0$ 的关系式：

$$b_0 = \frac{1}{4}(\beta^2 + 1), a_0 = N_0 - \frac{1}{2}(b_0 - 1) \quad (3.3.12)$$

式中，$\beta = \left\{ \left[ \dfrac{\ln u_{(1)}}{\ln u_{(m)}} \right]^{\frac{1}{2}} Z_{(m/(n+1))} - Z_{1/(n+1)} \right\} \Big/ \left\{ 1 - \left[ \dfrac{\ln u_{(1)}}{\ln u_{(m)}} \right]^{\frac{1}{2}} \right\} Z_{(p)}$

为标准正态分布的 $p$ 分位数，$N_0 = -\dfrac{\chi^2_{2b_0}\left[1/(n+1)\right]}{2\ln u_{(1)}}$，$\chi^2_{2b_0}(p)$ 表示自由度为 $2b_0$ 的 $\chi^2$ 分布的 $p$ 分位数。

给定上述不同样本情形，依式 （3.3.10） 进行迭代直至 $\left| R\ln G_1 - F_1(a_n, b_n) \right| \leqslant 10^{-6}$ 和 $\left| R\ln G_2 - F_2(a_n, b_n) \right| \leqslant 10^{-6}$，得出参数 $a$ 和 $b$ 的极大似然估计。

**（二）基于均匀设计抽样的极大似然估计法 （Ⅱ）**

根据有关研究，可以借鉴采用均匀设计得出的 Beta 分布的极大似然估计，得出均匀设计抽样的方法，以及运用该方法对 Beta 分布的极大似然估计进行改进，估计过程如下。

**1. 产生 [0, 1] 上的均匀设计抽样样本**

设 $\{F_m\}$ 为 Fibonacci 数列，即 $F_1 = 0$，$F_2 = 1$，…，$F_{m+1} = F_m + F_{m-1}$，令 $n = F_m$。

（1）生成多项分布 $\begin{bmatrix} 1 & 2 & \cdots & n-1 \\ \vdots & \vdots & \cdots & \vdots \\ \dfrac{1}{n} & \dfrac{1}{n} & \cdots & \dfrac{1}{n} \end{bmatrix}$ 的随机数 $r_1$，$r_2$，令 $x_{i1}^{(2)} = (i + r_1)(\bmod F_m)$，$x_{i2}^{(2)} = (iF_{m-1} + r)(\bmod F_m)$，$1 \leqslant x_{i2}^{(2)} \leqslant F_m$。

（2）生成 (0, 1) 上的均匀分布的随机数 $r_j$（$j = 1$，2，…，$2n$），令 $x_{i1} = (x_{i1}^{(2)} - r_i)/n$，$x_{i2} = (x_{i2}^{(1)} - r_{n+i})/n$，$i = 1$，2，…，$n$。则 $x_{i1}$ 和 $x_{i2}$ 为 [0, 1] 上的均匀设计抽样样本。

**2. 极大似然估计**

（1）生成矩形 $[a_1, b_1] \times [a_2, b_2]$ 上的均匀设计抽样样本 $y_{ik} = a_k + (b_k - a_k)x_{ik}$，$k = 1$，2，$i = 1$，2，…，$n$。

（2）以矩估计作为参数 $a$ 和 $b$ 的初始估计值 $a_0$ 和 $b_0$，选择充分大的 $C_1^{(1)}$，$C_2^{(1)}$，使极大似然估计值落入矩形 $D = [a_1^{(1)}, b_1^{(1)}] \times [a_2^{(1)}, b_2^{(1)}]$ 中，此处有：

$$a_1^{(1)} = a_0 - \frac{C_1^{(1)}}{2}, b_1^{(1)} = a_0 + \frac{C_1^{(1)}}{2}, a_2^{(1)} = b_0 - \frac{C_2^{(1)}}{2}, b_2^{(1)} = b_0 + \frac{C_2^{(1)}}{2}$$

若 $a_i^{(1)} < 0$，则令 $a_i^{(1)} = 0$，$i = 1$，2。

（3）令 $D^{(1)} = D$，选择样本量 $n_1$，产生 $D^{(1)}$ 上的均匀设计抽样样本点集 $\{y_{i1}^{(1)}, y_{i2}^{(1)}, i = 1, 2, \cdots, n_1\}$，选择使得式（3.3.4）的 $\ln L$ 达到最大的点，记为 $\{a^{(1)}, b^{(1)}\}$，并记 $\ln L$ 的最大值为 $M^{(1)} = \ln L\ (a^{(1)}, b^{(1)}) = \max\limits_{1 \leqslant i \leqslant n_1} L\ (y_{i1}^{(1)}, y_{i2}^{(1)})$。

（4）令 $C_i^{(t)} = C_i^{(t-1)}/2$（$i = 1, 2, t \geqslant 2$），则 $a_1^{(t)} = \max\ (a_1^{(t-1)}, a^{(t-1)} - C_1^{(t)}/2)$，$b_1^{(t)} = \max\ (b_1^{(t-1)}, a^{(t-1)} + C_1^{(t)}/2)$，$a_2^{(t)} = \max\ (a_2^{(t-1)}, b^{(t-1)} - C_2^{(t)}/2)$，$b_2^{(t)} = \max\ (b_2^{(t-1)}, b^{(t-1)} + C_2^{(t)}/2)$，$D^{(t)} = [a_1^{(t)}, b_1^{(t)}] \times [a_2^{(t)}, b_2^{(t)}]$。

（5）选择样本量 $n_t$，产生 $D^{(t)}$ 上的均匀设计抽样样本点集 $\{y_{i1}^{(t)}, y_{i2}^{(t)}, i = 1, 2, \cdots, n_t\}$，设 $M^{(t)} = \ln L\ (a^{(t)}, b^{(t)}) = \max\limits_{1 \leqslant i \leqslant n_t} L\ (y_{i1}^{(t)}, y_{i2}^{(t)})$。

（6）如果 $|M^{(t)} - M^{(t-1)}| < \varepsilon$（本书取 $\varepsilon = 10^{-6}$），则 $(a^{(t)}, b^{(t)})$ 为所求的极大似然估计值，否则返回（4）和（5）。

### 三　极大似然估计的模拟分析

通过进一步运用蒙特卡洛（Monte Carlo）模拟方法研究矩估计和上述两种极大似然估计方法的实际表现，为进一步进行模糊集距离控制图的设计奠定基础。运用 Matlab 中生成 Beta 分布随机数的命令生成分布 Beta（1.5，11）的随机数（即取参数 $a = 1.5$ 和 $b = 11$），依上文中给出的矩估计和极大似然估计方法得出参数的估计值的分布直方图，见图 3 - 7、图 3 - 8 和图 3 - 9（程序见附录一、三和四）。

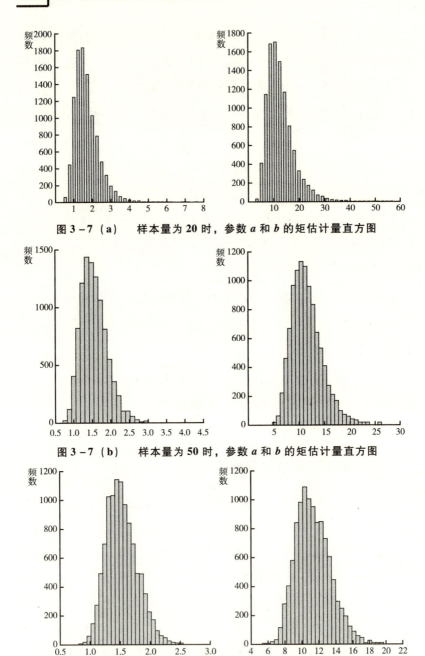

**图 3 - 7 (a)　样本量为 20 时，参数 $a$ 和 $b$ 的矩估计量直方图**

**图 3 - 7 (b)　样本量为 50 时，参数 $a$ 和 $b$ 的矩估计量直方图**

**图 3 - 7 (c) 样本量为 100 时，参数 $a$ 和 $b$ 的矩估计量直方图**

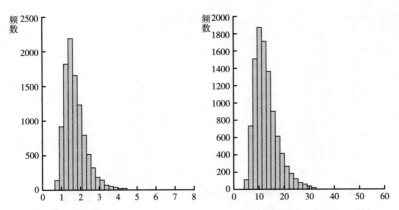

图 3 –8（a）样本量为 20 时，参数 a 和 b 的基于顺序统计量的极大似然估计量直方图

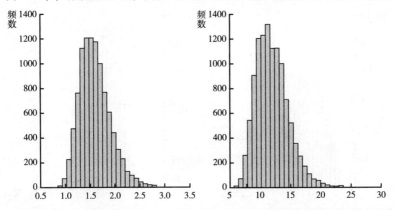

图 3 –8（b）样本量为 50 时，参数 a 和 b 的基于顺序统计量的极大似然估计量直方图

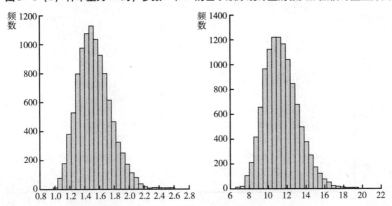

图 3 –8（c）样本量为 100 时，参数 a 和 b 的基于顺序统计量的极大似然估计量直方图

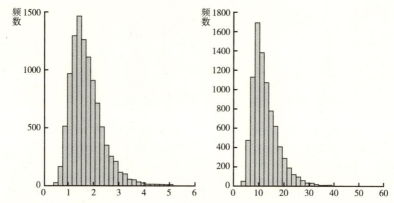

**图 3-9（a）样本量为 21 时，参数 $a$ 和 $b$ 的基于均匀设计抽样的极大似然估计量直方图**

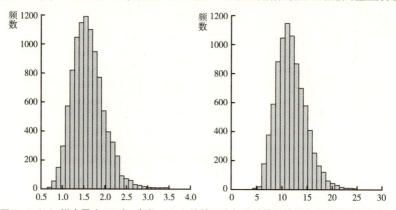

**图 3-9（b）样本量为 55 时，参数 $a$ 和 $b$ 的基于均匀设计抽样的极大似然估计量直方图**

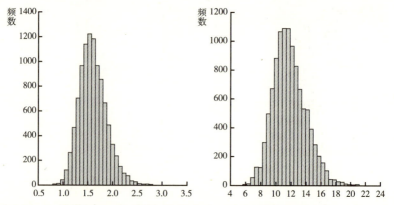

**图 3-9（c）样本量为 89 时，参数 $a$ 和 $b$ 的基于均匀设计抽样的极大似然估计量直方图**

从这些图形可以看出，小样本下（样本量 $n = 20$，50，100 或 21，55，89）参数 $a$ 和 $b$ 的估计量均是有偏的，且估计量的分布右偏。本书进一步模拟得出了参数 $a$ 和 $b$ 的估计量的样本统计量值，如表 3 - 1 和表 3 - 2 所示。

表 3 - 1　参数 $a$ 的估计量的样本统计量值

| 矩估计 n 及极大似然估计 | 均值 | 中位数 | 标准差 | 偏度系数 | 峰度系数 | 最小值 | 最大值 | 0.135%分位数 | 99.865%分位数 |
|---|---|---|---|---|---|---|---|---|---|
| 矩估计（$n = 20$） | 1.6982 | 1.5870 | 0.6358 | 1.4219 | 7.5038 | 0.4119 | 7.7603 | 0.5612 | 5.1091 |
| 矩估计（$n = 50$） | 1.5742 | 1.5331 | 0.3642 | 0.8142 | 4.3863 | 0.5802 | 4.2816 | 0.7809 | 3.1653 |
| 矩估计（$n = 100$） | 1.5427 | 1.5250 | 0.2479 | 0.4732 | 3.4802 | 0.6859 | 2.7635 | 0.9284 | 2.4837 |
| 矩估计（$n = 1000$） | 1.5036 | 1.5022 | 0.0766 | 0.1536 | 3.1641 | 1.1695 | 1.8677 | 1.2829 | 1.7508 |
| 矩估计（$n = 5000$） | 1.5007 | 1.5004 | 0.0340 | 0.0658 | 3.0075 | 1.3706 | 1.6294 | 1.3973 | 1.6039 |
| 极大似然估计（Ⅰ）（$n = 20$） | 1.7287 | 1.6090 | 0.5708 | 1.5539 | 7.7914 | 0.6782 | 7.6738 | 0.7676 | 5.1938 |
| 极大似然估计（Ⅰ）（$n = 50$） | 1.5811 | 1.5447 | 0.3028 | 0.8455 | 4.3924 | 0.8503 | 3.4798 | 0.9481 | 2.8317 |
| 极大似然估计（Ⅰ）（$n = 100$） | 1.5446 | 1.5267 | 0.2046 | 0.5975 | 3.7455 | 0.9887 | 2.6232 | 1.0571 | 2.3767 |
| 极大似然估计（Ⅰ）（$n = 1000$） | 1.5038 | 1.5021 | 0.0621 | 0.1909 | 3.1990 | 1.2734 | 1.7110 | 1.3252 | 1.6952 |
| 极大似然估计（Ⅰ）（$n = 5000$） | 1.5006 | 1.5004 | 0.0275 | 0.0564 | 2.9941 | 1.4080 | 1.6062 | 1.4187 | 1.5874 |
| 极大似然估计（Ⅱ）（$n = 21$） | 1.7291 | 1.6180 | 0.6162 | 1.2373 | 5.7573 | 0.4473 | 5.8708 | 0.6009 | 4.7859 |
| 极大似然估计（Ⅱ）（$n = 55$） | 1.6176 | 1.5836 | 0.3403 | 0.6772 | 3.7659 | 0.6543 | 3.5003 | 0.8556 | 2.9239 |
| 极大似然估计（Ⅱ）（$n = 89$） | 1.5924 | 1.5705 | 0.2624 | 0.5104 | 3.4871 | 0.8005 | 3.0953 | 0.8556 | 2.9239 |
| 极大似然估计（Ⅱ）（$n = 987$） | 1.5528 | 1.5509 | 0.0770 | 0.1285 | 3.0473 | 1.2755 | 1.8542 | 1.3286 | 1.8001 |

表 3 - 2  参数 $b$ 的估计量的样本统计量值

| 矩估计 $n$ 及极大似然估计 | 均值 | 中位数 | 标准差 | 偏度系数 | 峰度系数 | 最小值 | 最大值 | 0.135%分位数 | 99.865%分位数 |
|---|---|---|---|---|---|---|---|---|---|
| 矩估计<br>($n=20$) | 12.7825 | 11.8218 | 5.2661 | 1.4929 | 7.3214 | 2.4912 | 58.0094 | 3.9078 | 39.7864 |
| 矩估计<br>($n=50$) | 11.6724 | 11.2823 | 2.9571 | 0.8838 | 4.3815 | 4.8574 | 27.8889 | 5.6510 | 24.2117 |
| 矩估计<br>($n=100$) | 11.3737 | 11.1743 | 2.0048 | 0.5561 | 3.4544 | 5.2157 | 20.5618 | 6.5369 | 18.8590 |
| 矩估计<br>($n=1000$) | 11.0359 | 11.0203 | 0.6106 | 0.1814 | 3.0770 | 8.6858 | 13.7223 | 9.3471 | 13.0599 |
| 矩估计<br>($n=5000$) | 11.0049 | 11.0025 | 0.2706 | 0.0611 | 3.0832 | 9.8723 | 12.1044 | 10.1904 | 11.8410 |
| 极大似然估计<br>（I）($n=20$) | 13.0325 | 12.0722 | 4.8791 | 1.6519 | 8.4877 | 4.1770 | 57.4055 | 4.8654 | 42.4793 |
| 极大似然估计<br>（I）($n=50$) | 11.7322 | 11.4254 | 2.5736 | 0.9015 | 4.7306 | 5.5471 | 28.8579 | 6.4039 | 22.9363 |
| 极大似然估计<br>（I）($n=100$) | 11.3967 | 11.2301 | 1.7472 | 0.6111 | 3.7184 | 6.5815 | 21.6125 | 7.3421 | 18.3382 |
| 极大似然估计<br>（I）($n=1000$) | 11.0379 | 11.0258 | 0.5207 | 0.1857 | 3.1102 | 9.3383 | 13.3059 | 9.6009 | 12.7573 |
| 极大似然估计<br>（I）($n=5000$) | 11.0042 | 11.0033 | 0.2321 | 0.0839 | 3.0497 | 10.1359 | 11.9659 | 10.3329 | 11.7538 |
| 极大似然估计<br>（II）($n=21$) | 12.9203 | 11.8477 | 5.2008 | 1.4274 | 6.7201 | 3.2090 | 54.0223 | 4.2652 | 39.3053 |
| 极大似然估计<br>（II）($n=55$) | 11.8730 | 11.4979 | 2.7873 | 0.7826 | 3.9939 | 4.5953 | 26.0639 | 4.2652 | 39.3053 |
| 极大似然估计<br>（II）($n=89$) | 11.6349 | 11.4367 | 2.1191 | 0.5715 | 3.5424 | 5.6729 | 22.4864 | 6.6844 | 19.5690 |
| 极大似然估计<br>（II）($n=987$) | 11.2734 | 11.2551 | 0.6061 | 0.1891 | 3.0756 | 9.2801 | 13.9844 | 9.5651 | 13.3280 |

从表中可以看出，上述三种估计方法得出的估计量对参数 $a$ 和 $b$ 的估计均偏大，伴随样本量的增大，三种估计量的

偏离逐渐减少。

当样本量充分大时（ $n = 5000$ ），矩估计方法和基于顺序统计量的极大似然估计方法得出的样本估计量的均值和中位数与参数 $a$ 值和 $b$ 值的差距非常小，而基于均匀设计抽样的极大似然估计方法得出的参数估计量则存在较大的偏差。

矩估计方法得出的参数 $a$ 和 $b$ 的估计量均值和中位数在小样本下对真实参数的偏离最小，但估计量的分散程度最高，估计量分布的偏度和峰度系数居中；基于顺序统计量的极大似然估计方法得出的参数 $a$ 和 $b$ 的估计量均值和中位数，在小样本下对真实参数的偏离居中，当样本量充分大时（ $n = 5000$ ），该偏离是最小的，估计量的分散程度最小，估计量分布的偏度和峰度系数最大；基于均匀设计抽样的极大似然估计方法得出的参数 $a$ 和 $b$ 的估计量均值和中位数在小样本下对真实参数的偏离最大，估计量的分散程度居中，估计量分布的偏度和峰度系数最小。

综合考虑来看，由顺序统计量的极大似然估计方法得出的对参数估计量的性质最好。所以，在下章的参数估计中，本书均使用基于顺序统计量的极大似然估计方法得出。

## 第四节　本章小结

本章主要研究内容是，提出运用 Beta 分布对模糊集距离指标进行拟合。首先，本章针对模糊质量控制中模糊集距离指标随机变化的特点，通过证明，验证了模糊集距离指标的变化符合 Beta 分布的特性，因此，Beta 分布可以作为模糊集距离指标控制图的统计分布；其次，在对 Beta 分布密度函数变化特点和分布的数字特征进行分析的基础上，对 Beta 分布参数的三种估计方法进行了介绍，运用蒙特卡洛模拟方法对三种估计方法得出的估计量进行了比较研究，得出基于顺序统计量的极大似然估计方法最优的结论，得出 Beta 分布的参数估计。

# 第四章
# 基于模糊集距离指标的
# 产品模糊质量特性评价

本章将以模糊集距离指标这一质量性能指标为研究对象，探讨模糊集距离指标随机变动时，产品质量价值的变动。模糊集距离指标的理想值为0，模糊集距离指标随机变量的取值范围为 $[0, 1]$。对于实际的模糊质量控制过程，产品模糊集距离指标的技术标准可以表示为 $0_{-0}^{+T_U}$（$T_U \leq 1$），即当模糊集距离指标取值小于或等于 $T_U$ 时，产品为合格品。可以看出，产品模糊集距离指标的技术标准具有非对称偏差特征，因此需要对模糊集距离指标的技术标准为非对称偏差下的产品展开模糊质量评价的研究。

## 第一节　基于非对称偏差的产品价值函数及
## 产品质量描述

为更好地对本章的内容进行阐述，首先从介绍田口质量损失函数开始；然后，在修正的田口质量损失函数基础上，对非对称偏差下的产品质量水平进行定量描述。下面，从产品质量价值函数的分析展开。

## 一 田口质量损失函数分析

田口质量损失函数（产品价值函数）是由日本质量管理学家田口玄一提出的。田口认为，产品质量与质量损失密切相关，把质量损失定义为产品在整个生命周期的过程中，由于质量不满足规定的要求，对生产者、使用者和社会所造成的全部损失之和，用"质量损失"对产品的质量进行定量描述。

质量损失函数是用来度量由产品质量指标偏离目标值而引起的经济损失，它对经济损失特别是较小偏离引起的损失有良好的近似。该函数的特点是用货币单位来对产品质量进行度量，质量损失越大，产品质量越差；反之，质量损失越小，产品质量越好。田口质量损失函数的一般形态见图 4-1。

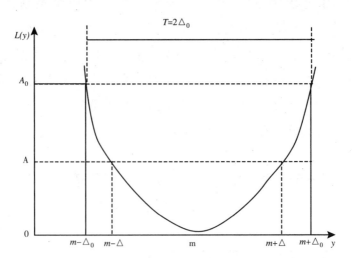

图 4-1 质量损失函数

产品在储存或使用过程中，随着时间的推移，发生材料老化变质、磨损等现象，引起产品功能的波动。如图 4 - 1 所示，设产品的质量特性为 $Y$，目标值为 $m$，规格为 $T$，功能界限为 $\Delta_0$。

当 $Y \neq m$ 时，则造成损失，$|Y - m|$ 越大，损失越大。相应产品质量特性值 $Y$ 的损失为 $L(Y)$，若 $L(Y)$ 在 $Y = m$ 处存在二阶导数，则依据泰勒公式有定义式：$L(Y) = L(m) + \dfrac{L'(m)}{1!}(Y - m) + \dfrac{L''(m)}{2!}(Y - m)^2 + \cdots$，设 $Y = m$ 时，$L(Y) = 0$，即 $L(m) = 0$，又因为 $L(Y)$ 在 $Y = m$ 时有极小值，所以 $L'(m) = 0$，再略去二阶以上的高阶项，有：

$$L(Y) = K(Y - m)^2 \tag{4.1.1}$$

式中，$K = L''(m)/2!$ 是不依赖 $Y$ 的常数，公式 (4.1.1) 表示的函数为质量损失函数，如图 4 - 1 所示。

田口质量损失函数相关理论对评价产品质量水平和实际经济效益的提高有极大的现实意义，田口质量损失函数在衡量和评价质量水平方面具有很好的效果。

## 二　非对称偏差下产品质量水平描述

一般情况下，产品的质量性能值大于目标值与小于目标值时所造成的质量损失是不对称的，本章将在修正的田口质量损失函数基础上，对非对称偏差下的产品质量水平进行定量描述。先从产品质量价值函数的分析展开。

由田口损失函数，与产品质量相联系的产品价值函数，可得出对称偏差情形下测度产品质量的价值函数如下：

$$W(X) = W - R(X - L)^2 \tag{4.1.2}$$

式中，$L$ 为基本尺寸，随机变量 $X$ 表示产品某一质量特性值，$R$ 表示质量损失系数，随机变量 $X$ 的函数 $W(X)$ 表示价值水平，$W$ 为质量特性值 $X$ 达到基本尺寸 $L$ 时的产品价值。定义 $\Delta$ 为产品价值为 0 时质量特性值 $X$ 偏离基本尺寸 $L$ 的距离，则 $0 = W - R\Delta^2$，可得出 $R = W/\Delta^2$，价值函数可表示为：

$$W(X) = W - \frac{W}{\Delta^2}(L - X)^2 \qquad (4.1.3)$$

技术标准为非对称偏差情形下给出的非对称质量损失函数为：

$$L(x) = \begin{cases} k_1(x - L)^2 & x \leqslant L \\ k_2(x - L)^2 & x \geqslant L \end{cases} \qquad (4.1.4)$$

式中，$k_1 = A_1/d_L^2$，$k_2 = A_2/d_U^2$，$A_1$ 表示在公差下限处的产品质量损失，$A_2$ 表示在公差上限处的产品质量损失。显然，在非对称偏差的一般情形下，$k_1 \neq k_2$。

首先可以引进非对称偏差下的产品质量的价值函数，并对非对称偏差下的产品价值函数的性质进行较详细的分析。由此思路出发，对于以模糊集距离指标作为质量特性值的产品质量评价，模糊集距离指标的取值落在 [0，1] 之内，且当模糊集距离指标为 0 时，表示产品质量水平最高，结合公式（4.1.3）和公式（4.1.4），模糊集距离指标作为质量特性值的产品价值函数可表示为：

$$W(X) = W - RX^2 \qquad (4.1.5)$$

式中，$X$ 为模糊集距离随机变量，$R$ 表示质量损失系数，$W$ 表示模糊集距离指标取值为 0 的产品价值。对于某一给定的产品，模糊集距离指标的技术标准应为 $0_{-0}^{+T_U}$（$T_U \leqslant 1$），考虑到当产品的质量特性值落在技术标准界限外时，不能满足顾客要求，对于顾客而言，产品价值为 0。

因此，依技术标准，当 $X > T_U$ 时，$W（X）= 0$。由 $W（X）$ 在 $X = T_U$ 处的连续性，定义 $W（T_U）= 0$，故当 $L < X < T_U$ 时，$R = W/T_U^2$。公式（4.1.3）转化为：

$$W(X) = \begin{cases} W - \dfrac{W}{T_U^2}X^2 & 0 \leqslant X \leqslant T_U \\ 0 & \text{其他} \end{cases} \qquad (4.1.6)$$

以上由相关文献中对于非对称偏差下的产品价值函数的思路，推导出以模糊集距离指标为质量特性值的产品价值函数，为本章下面的模糊质量特性评价做准备。

## 第二节 模糊集距离指标服从 Beta 分布下的产品质量水平及其测度

研究模糊集距离指标服从 Beta 分布下的产品质量水平，先从该分布的密度函数开始，设模糊集距离指标 $X$ 服从 Beta（$a$，$b$），密度函数为：

$$f(x;a,b) = \begin{cases} \dfrac{\Gamma(a+b)}{\Gamma(a)\Gamma(b)}x^{a-1}(1-x)^{b-1} & 0 < x < 1 \\ 0 & \text{其他} \end{cases} \qquad (4.2.1)$$

式中 $\Gamma(r) = \displaystyle\int_0^{+\infty} x^{r-1}e^{-x}dx$。运用公式（4.1.5）定义的产品价值函数，对 Beta（$a$，$b$）下产品质量水平给出定量描述，用于描述产品平均质量水平的指标是产品价值期望 $E[W(X)]$，可表示为：

$$E[W(X)] = \int_0^{T_U} (W - \frac{W}{T_U^2}x^2)f(x;a,b)dx \qquad (4.2.2)$$

①当 $T_U = 1$ 时:

$$E[W(X)] = W - \frac{W}{T_U^2} \frac{a(a+1)}{(a+b)(a+b+1)} = W - \frac{W}{T_U^2}[(EX)^2 + \sigma^2(X)]$$

$$(4.2.3)$$

式(4.2.3)表明,描述产品质量的模糊集距离指标随机变量的均值越接近于 0 或标准差越小时,产品价值期望值越大,产品质量水平越高。

由 $\dfrac{dE[W(X)]}{dEX} = -\dfrac{2W}{T_U^2}EX$, $\dfrac{dE[W(X)]}{d\sigma(X)} = -\dfrac{2W}{T_U^2}\sigma(X)$

可以得出,模糊集距离指标随机变量的均值和标准差的变动对于产品价值期望值的影响是类似的,且影响系数具有相同权重。这意味着,在对生产过程进行质量控制和质量改进的过程中,使得模糊集距离指标随机变量的均值变小的质量改进努力和使得模糊集距离指标随机变量的标准差变小的质量改进努力是等价的;当均值小于标准差时,使得模糊集距离指标随机变量的标准差变小的质量改进努力的效果更显著,反之则相反。

②当 $T_U < 1$ 时:实际上,对于以模糊集距离指标的质量监控对象的生产制造过程而言,技术标准一般均要求 $T_U < 1$,此时产品价值的期望公式可表示如下:

$$E[W(X)] = \int_0^{T_u} (W - \frac{W}{T_U^2}x^2)f(x;a,b)dx \qquad (4.2.4)$$

对于实际生产过程的质量控制,我们面临的问题通常是在产品质量合格率在一定水平的约束下,使得质量损失最小或产品价值达到最大。

因此,我们可以把问题描述为:

$$\max_{a,b} L = \int_0^{T_U} (W - \frac{W}{T_U^2} x^2) f(x;a,b) dx$$

$$\text{s. t.} \begin{cases} \int_0^{T_U} f(x;a,b) dx = 1 - \alpha \\ a > 1, b > 1 \end{cases} \tag{4.2.5}$$

式中，$\alpha$ 为允许的产品不合格率，条件 $a > 1$，$b > 1$ 是基于本章所研究问题的实际背景得出的。

由于产品价值函数为凹函数，在给定的约束条件下，上述最优化问题存在唯一的最优解。对于给定的 $T_U$ 和 $\alpha$ 值，求得的解 $(a, b)$ 是不同的。记 $L = \int_0^{T} (W - \frac{W}{T_U^2} x^2) f(x;a,b) dx$，$C(a,b;$

$T_U) = \int_0^{T_u} f(x;a,b) dx$，利用公式（4.2.5）的约束条件可得出：

$$L = \int_0^{T_u} (W - \frac{W}{T_U^2} x^2) f(x;a,b) dx$$

$$= W(1 - \alpha) - \frac{W}{T_U^2} \frac{a(a + 1)}{(a + b)(a + b + 1)} C(a + 2, b; T_U)$$

可求得上述最大化问题的一阶条件：

$$\begin{cases} \dfrac{\partial L}{\partial a} = 0 \\ \dfrac{\partial L}{\partial b} = 0 \end{cases}$$

即

$$\begin{cases} \dfrac{\partial C(a + 2, b; T_U)}{\partial a} = \dfrac{-b(2a^2 + 2ab + 2a + b + 1)}{a(a + 1)(a + b)(a + b + 1)} C(a + 2, b; T_U) \\ \dfrac{\partial C(a + 2, b; T_U)}{\partial b} = \dfrac{(2a + 2b + 1)}{(a + b)(a + b + 1)} C(a + 2, b; T_U) \end{cases}$$

$$\tag{4.2.6}$$

由于 $\dfrac{\partial C(a + 2, b; T_U)}{\partial a}$ 和 $\dfrac{\partial C(a + 2, b; T_U)}{\partial b}$ 较为复杂，

上述最优化问题无显式解。因此，本书将运用数值解法对上述
最优化问题进行求解。依公式（4.2.5），在满足一定的不合格
品率约束的条件下使得产品价值的期望达到最大化，运用
Matlab 编程可求得满足上述要求的参数（$a^*$, $b^*$），见表 4-1
（程序见附录五）。

表 4-1　产品质量最优化下的分布参数（$a^*$, $b^*$）
及相应的均值和标准差（$\mu^*$, $\sigma^*$）

| | 产品质量价值期望值的最大值 | （$a^*$, $b^*$） | $\mu^*$ | $\sigma^*$ |
|---|---|---|---|---|
| $\alpha=0.95, T_U=0.95$ | — | （—,—） | — | — |
| $\alpha=0.95, T_U=0.90$ | 0.60343558$W$ | （1.71, 1.60） | 0.516616 | 0.240708 |
| $\alpha=0.95, T_U=0.85$ | 0.65607900$W$ | （1.48, 1.86） | 0.443114 | 0.238449 |
| $\alpha=0.95, T_U=0.80$ | 0.69476162$W$ | （1.30, 2.09） | 0.383481 | 0.232067 |
| $\alpha=0.95, T_U=0.75$ | 0.73568811$W$ | （1.05, 2.21） | 0.322086 | 0.226396 |
| $\alpha=0.95, T_U=0.70$ | 0.75170024$W$ | （1.01, 2.50） | 0.287749 | 0.213175 |
| $\alpha=0.95, T_U=0.65$ | 0.74803531$W$ | （1.15, 3.06） | 0.273159 | 0.195213 |
| $\alpha=0.95, T_U=0.60$ | 0.76037014$W$ | （1.11, 3.45） | 0.243421 | 0.181999 |
| $\alpha=0.95, T_U=0.55$ | 0.77318742$W$ | （1.05, 3.85） | 0.214286 | 0.168929 |
| $\alpha=0.95, T_U=0.50$ | 0.77271557$W$ | （1.13, 4.62） | 0.196522 | 0.152947 |
| $\alpha=0.975, T_U=0.95$ | 0.64926510$W$ | （1.35, 1.35） | 0.500000 | 0.259938 |
| $\alpha=0.975, T_U=0.90$ | 0.73019750$W$ | （1.07, 1.64） | 0.394834 | 0.253780 |
| $\alpha=0.975, T_U=0.85$ | 0.75911584$W$ | （1.05, 1.98） | 0.346535 | 0.237046 |
| $\alpha=0.975, T_U=0.80$ | 0.78072429$W$ | （1.02, 2.31） | 0.306306 | 0.221523 |
| $\alpha=0.975, T_U=0.75$ | 0.78485751$W$ | （1.12, 2.79） | 0.286445 | 0.204030 |
| $\alpha=0.975, T_U=0.70$ | 0.80547564$W$ | （1.02, 3.09） | 0.248175 | 0.191085 |
| $\alpha=0.975, T_U=0.65$ | 0.79670644$W$ | （1.23, 3.86） | 0.241650 | 0.173468 |
| $\alpha=0.975, T_U=0.60$ | 0.81632078$W$ | （1.09, 4.19） | 0.206439 | 0.161513 |
| $\alpha=0.975, T_U=0.55$ | 0.81688698$W$ | （1.17, 4.98） | 0.190244 | 0.146784 |
| $\alpha=0.975, T_U=0.50$ | 0.83221949$W$ | （1.05, 5.45） | 0.161538 | 0.134384 |
| $\alpha=0.9973, T_U=0.95$ | 0.81154657$W$ | （1.01, 1.98） | 0.337793 | 0.236775 |
| $\alpha=0.9973, T_U=0.90$ | 0.84582431$W$ | （1.03, 2.59） | 0.284530 | 0.209913 |
| $\alpha=0.9973, T_U=0.85$ | 0.86284248$W$ | （1.07, 3.18） | 0.251765 | 0.189425 |
| $\alpha=0.9973, T_U=0.80$ | 0.88022104$W$ | （1.03, 3.71） | 0.217300 | 0.172136 |
| $\alpha=0.9973, T_U=0.75$ | 0.89189450$W$ | （1.01, 4.28） | 0.190926 | 0.156712 |
| $\alpha=0.9973, T_U=0.70$ | 0.89991188$W$ | （1.01, 4.93） | 0.170034 | 0.142599 |
| $\alpha=0.9973, T_U=0.65$ | 0.90628355$W$ | （1.01, 5.65） | 0.151652 | 0.129597 |
| $\alpha=0.9973, T_U=0.60$ | 0.91183836$W$ | （1.01, 6.48） | 0.134846 | 0.117223 |
| $\alpha=0.9973, T_U=0.55$ | 0.91633955$W$ | （1.01, 7.43） | 0.119668 | 0.105640 |
| $\alpha=0.9973, T_U=0.50$ | 0.92034376$W$ | （1.01, 8.56） | 0.105538 | 0.094504 |

可以得出，当合格品率保持不变时，伴随模糊集距离指标值的合格限变小（趋近于 0），满足产品质量价值期望值最大化要求的 Beta 分布的均值和标准差均逐渐变小，并且分布右偏程度增大且分布尖耸程度提高（见图 4 - 2 ~ 图 4 - 4）；同时，最优的产品质量价值也在不断增大，反映伴随产品质量要求的加严（模糊集距离指标值的合格限变小），最优的产品质量水平也在不断提高。另外，当产品合格率水平提高时，满足产品质量价值期望值最大化要求的 Beta 分布的均值和标准差均变得更小，并且分布右偏程度更高且分布更加尖耸（见图 4 - 5）；同时，最优的产品质量水平更高。

最优化条件下对应的 Beta 分布的密度函数曲线如图 4 - 2 ~ 图 4 - 5 所示。

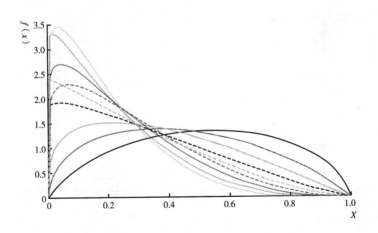

**图 4 - 2　合格品率为 0.95 条件下，质量优化所得的
Beta 分布的密度函数曲线**

注：曲线从右至左对应的贴近度指标的合格限分别为 0.95，0.9，0.85，0.8，0.75，0.7，0.65，0.6，0.55，0.5。

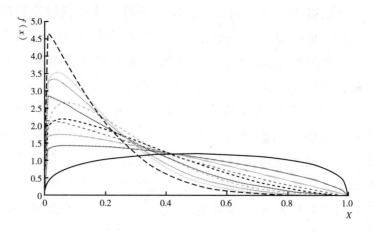

**图 4 - 3   合格品率为 0. 975 条件下，质量优化所得的**
**Beta 分布的密度函数曲线**

注：曲线从右至左对应的贴近度指标的合格限分别为 0. 95，0. 9，
0. 85，0. 8，0. 75，0. 7，0. 65，0. 6，0. 55，0. 5。

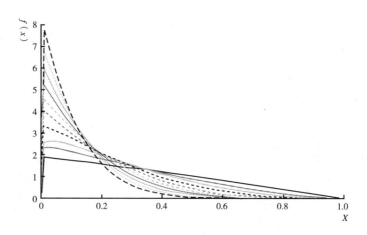

**图 4 - 4   合格品率为 0. 9973 条件下，质量优化所得的**
**Beta 分布的密度函数曲线**

注：曲线从右至左对应的贴近度指标的合格限分别为 0. 95，0. 9，
0. 85，0. 8，0. 75，0. 7，0. 65，0. 6，0. 55，0. 5。

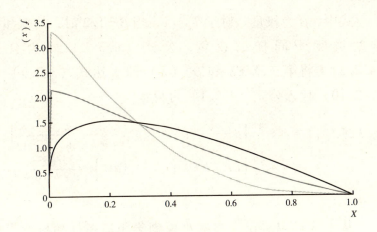

**图 4 – 5　贴近度指标的合格限为 0.8 时质量优化所得的**
**Beta 分布的密度函数曲线**

注：曲线从右至左对应的合格品率分别为 0.95，0.975，0.9973。

## 第三节　质量价值函数的进一步扩展

依公式（4.1.5）给出的质量价值函数，在 $T_U \leqslant 1$ 的不同情形下，上文给出了产品质量价值的期望值计算公式，其中对模糊集距离指标随机变量的均值和标准差赋予同样的权重。而在实际生产过程中，模糊集距离指标随机变量的均值变小带来的质量改进效益，与模糊集距离指标随机变量的标准差变小带来的质量改进效益可以不相同。因此，为反映两种质量改进效益的差别，可以对模糊集距离指标随机变量的均值和标准差赋予不同的权重，从而扩展了质量价值函数。为方便计算，可以直接对模糊集距离指标随机变量的均值的平方和方差赋权，公式表述如下：

$$W_e(X) = W - \frac{2W}{T_U^2}\left[\beta(EX)^2 + (1-\beta)\sigma^2(X)\right] \qquad (4.3.1)$$

式中，$\beta$ 为权重。对于 $T_U = 1$，当 $\beta = 1/2$ 时，均值和标准差被赋予同样的权重，公式（4.3.1）即为公式（4.2.3）。将第三章 $EX$ 和 $\sigma^2$（$X$）的表达式（3.2.9）和（3.2.10）代入公式（4.3.1）可得：

$$
\begin{aligned}
E[W_e(X)] &= W - \frac{4W}{T_U^2}\left[\beta\frac{a^2}{(a+b)^2} + (1-\beta)\frac{ab}{(a+b)^2(a+b+1)}\right] \\
&= W - \frac{4W}{T_U^2}\left[\beta a(a+b+1) + (1-\beta)b\right]\frac{EX^2}{(a+b)(a+1)}
\end{aligned}
$$

$$(4.3.2)$$

从上式可以看出，当减小模糊集距离指标随机变量的均值导致质量改进效益的赋权相对较小时（即 $\beta$ 较小时），减小标准差导致的质量改进效益会更加显著，反之亦反。

当 $T_U < 1$ 时，我们可以把最优化问题描述为：

$$
\begin{aligned}
&\max_{a,b} L_e \\
&\text{s.t.} \begin{cases} \displaystyle\int_0^{T_u} f(x;a,b)\,dx = 1 - \alpha \\ a > 1, b > 1 \end{cases}
\end{aligned}
$$

$$(4.3.3)$$

式中，$L_e$ 的表达式为：

$$
\begin{aligned}
L_e = W\int_0^{T_u} f(x;a,b)\,dx - \frac{2W}{T_u^2}&\left\{(2\beta-1)\left[\int_0^{T_u} xf(x;a,b)\,dx\right]^2\right. \\
&\left.+ (1-\beta)\int_0^{T_u} x^2 f(x;a,b)\,dx\right\}
\end{aligned}
$$

$$(4.3.4)$$

结合公式（4.3.3）可以得出：

$$
\begin{aligned}
L_e = W(1-\alpha) - \frac{2W}{T_U^2}&\left\{(2\beta-1)\frac{a^2}{(a+b)^2}\left[C(a+1,b;T_U)\right]^2\right. \\
&\left.+ (1-\beta)\frac{a(a+1)}{(a+b)(a+b+1)}C(a+2,b;T_U)\right\}
\end{aligned}
$$

$$(4.3.5)$$

式中，$C$（$a$, $b$; $T_U$）的含义同公式（4.2.6）。

可求得上述最大化问题的一阶条件：

$$
\begin{cases}
\dfrac{\partial L_e}{\partial a} = 0 \\[2mm]
\dfrac{\partial L_e}{\partial b} = 0
\end{cases}
\tag{4.3.6}
$$

由于上式较为复杂，最优化问题无显式解。因此，本章将运用数值解法对上述最优化问题进行求解。依公式（4.3.3），在满足一定的不合格品率约束的条件下，使得产品价值的期望达到最大化，在求解上述最大化问题时需要给出权重 $\beta$ 的取值。在实际生产过程中这一权重的选择，是基于对模糊集距离指标随机变量的均值和标准差的质量改进效益的相对比较给出的，本章为了显示 $\beta$ 变化的影响，将 $\beta$ 取为 0.1，运用 Matlab 编程可求得满足上述最大化问题的参数 $(a^*, b^*)$，分别见表 4-2（程序见附录六）。

表 4-2　$\beta = 0.1$ 条件下产品质量最优化的分布参数 $(a^*, b^*)$ 及相应的均值和标准差 $(\mu^*, \sigma^*)$

| | 产品质量价值期望值的最大值 | $(a^*, b^*)$ | $\mu^*$ | $\sigma^*$ |
|---|---|---|---|---|
| $\alpha = 0.95, T_U = 0.95$ | — | $(—, —)$ | — | — |
| $\alpha = 0.95, T_U = 0.90$ | $0.76427093\,W$ | $(2.75, 1.95)$ | 0.585106 | 0.206371 |
| $\alpha = 0.95, T_U = 0.85$ | $0.77263559\,W$ | $(2.87, 2.51)$ | 0.533457 | 0.197509 |
| $\alpha = 0.95, T_U = 0.80$ | $0.77991913\,W$ | $(1.30, 2.09)$ | 0.383481 | 0.232067 |
| $\alpha = 0.95, T_U = 0.75$ | $0.78833387\,W$ | $(1.05, 2.21)$ | 0.322086 | 0.226396 |
| $\alpha = 0.95, T_U = 0.70$ | $0.77710430\,W$ | $(1.01, 2.50)$ | 0.287749 | 0.213175 |
| $\alpha = 0.95, T_U = 0.65$ | $0.79792271\,W$ | $(1.15, 3.06)$ | 0.273159 | 0.195213 |
| $\alpha = 0..95, T_U = 0.60$ | $0.80259134\,W$ | $(1.11, 3.45)$ | 0.243421 | 0.181999 |
| $\alpha = 0.95, T_U = 0.55$ | $0.80718409\,W$ | $(1.05, 3.85)$ | 0.214286 | 0.168929 |
| $\alpha = 0.95, T_U = 0.50$ | $0.76937062\,W$ | $(1.13, 4.62)$ | 0.196522 | 0.152949 |
| $\alpha = 0.975, T_U = 0.95$ | $0.79753094\,W$ | $(2.41, 1.63)$ | 0.596535 | 0.218527 |
| $\alpha = 0.975, T_U = 0.90$ | $0.81116235\,W$ | $(2.63, 2.29)$ | 0.534553 | 0.205007 |

| | 产品质量价值期望值的最大值 | $(a^*, b^*)$ | $\mu^*$ | $\sigma^*$ |
|---|---|---|---|---|
| $\alpha = 0.975, T_U = 0.85$ | $0.81963368W$ | $(2.80, 2.95)$ | $0.486957$ | $0.192385$ |
| $\alpha = 0.975, T_U = 0.80$ | $0.82807258W$ | $(1.02, 2.31)$ | $0.306306$ | $0.221523$ |
| $\alpha = 0.975, T_U = 0.75$ | $0.83405978W$ | $(1.12, 2.79)$ | $0.286445$ | $0.204030$ |
| $\alpha = 0.975, T_U = 0.70$ | $0.84084919W$ | $(1.02, 3.09)$ | $0.248175$ | $0.191085$ |
| $\alpha = 0.975, T_U = 0.65$ | $0.84336751W$ | $(1.23, 3.86)$ | $0.241650$ | $0.173468$ |
| $\alpha = 0.975, T_U = 0.60$ | $0.81054036W$ | $(1.09, 4.19)$ | $0.2064393$ | $0.161513$ |
| $\alpha = 0.975, T_U = 0.55$ | $0.85397036W$ | $(1.01, 4.62)$ | $0.177936$ | $0.148647$ |
| $\alpha = 0.975, T_U = 0.50$ | $0.85646645W$ | $(1.05, 5.45)$ | $0.161538$ | $0.134384$ |
| $\alpha = 0.9973, T_U = 0.95$ | $0.86212130W$ | $(1.01, 1.98)$ | $0.337793$ | $0.236775$ |
| $\alpha = 0.9973, T_U = 0.90$ | $0.88228226W$ | $(1.01, 2.57)$ | $0.280112$ | $0.210060$ |
| $\alpha = 0.9973, T_U = 0.85$ | $0.89299016W$ | $(1.07, 3.18)$ | $0.251765$ | $0.189425$ |
| $\alpha = 0.9973, T_U = 0.80$ | $0.90214757W$ | $(1.03, 3.71)$ | $0.217300$ | $0.172136$ |
| $\alpha = 0.9973, T_U = 0.75$ | $0.90893295W$ | $(1.01, 4.28)$ | $0.190926$ | $0.156712$ |
| $\alpha = 0.9973, T_U = 0.70$ | $0.91426664W$ | $(1.01, 4.91)$ | $0.169205$ | $0.142632$ |
| $\alpha = 0.9973, T_U = 0.65$ | $0.91839881W$ | $(1.01, 5.65)$ | $0.151652$ | $0.129597$ |
| $\alpha = 0.9973, T_U = 0.60$ | $0.92218363W$ | $(1.01, 6.48)$ | $0.134846$ | $0.117223$ |
| $\alpha = 0.9973, T_U = 0.55$ | $0.92555188W$ | $(1.01, 7.41)$ | $0.118906$ | $0.105518$ |
| $\alpha = 0.9973, T_U = 0.50$ | $0.92826199W$ | $(1.01, 8.53)$ | $0.104932$ | $0.094440$ |

本书进一步发现，当 $\beta \geq 0.12$ 时，满足最大化问题（4.3.3）的最优解（$a^*$，$b^*$）与最大化问题（4.2.5）的最优解相同。这一结果表明，最大化问题（4.2.5）的最优解，对于模糊集距离指标随机变量的均值和标准差的变化具有相当的稳定性，即模糊集距离指标随机变量的均值减小和标准差减小带来的质量改进效益的相对变化，在一定范围内并不改变最大化问题（4.3.3）的最优解。

而当 $\beta \leq 0.11$ 时，即标准差减小带来的质量改进效益充分大时，最大化问题（4.3.3）的最优解将发生改变。当 $\beta = 0.1$ 时，最优解见表4-2，将该表中结果与表4-1进行比较，可以看出，此时表4-2中绝大多数的模糊集距离指标随机变量的标准差稍小于表 4 – 1 中的对应值，但相差不大。这一结果表明：一方面，$\beta$ 越小，意味着对于标准差所赋权重就越大，上述比较结果与之是一致的，体现了对标准差减小的质量改进效益显著；另一方面，最优的参数值对应的均值和标准差，两表的差距并不大，表明最大化问题 (4.2.5) 的最优解具有相当的稳定性，即最大化问题 (4.2.5) 在一定程度上充分考虑了标准差减小的质量改进效益的影响。

类似地可以看出，当合格品率保持不变时，伴随模糊集距离指标值的合格限变小（趋近于 0），满足产品质量价值期望值最大化要求的 Beta 分布的均值和标准差均逐渐变小，并且分布右偏程度增大且分布尖耸程度提高；同时，最优的产品质量价值也在不断增大，反映伴随产品质量要求的加严（模糊集距离指标值的合格限变小），最优的产品质量水平也在不断提高。

另外，当产品合格率水平提高时，满足产品质量价值期望值最大化要求的 Beta 分布的均值和标准差均变得更小，并且分布右偏程度更高且分布更加尖耸；同时，最优的产品质量水平更高。

## 第四节 本章小结

本章从模糊集距离指标技术标准为非对称偏差的特征出发，研究了基于模糊集距离指标质量特性值的质量评价问题。首先，本章提出了基于模糊集距离指标质量特性值的产品价值函数，介绍了产品价值的均值的计算方法；其次，针对模糊集距离指标质量特性值的变动特点，将模糊集距离指标质量特性值的质量评价问题，转化为描述在一定产品不合格率约束下，求产品价值期望值最大化的古典最优化问题；基于实际，运用数值解法求出了上述最优化问题的解，根据得出的解，证明了模糊集距离指标随机变量服从 Beta 分布下产品质量特性值——模糊集距离指标的变化与最优的产品质量水平变化的对应关系；进一步探讨了产品价值函数的扩展，以及一定产品不合格率约束下，产品价值期望值最大化问题及其求解，并对得出的结果与原模型进行了比较，结果证明了，原模型表示的一定产品不合格率约束下，产品价值期望值最大化问题的解具有相当的稳定性。

# 第五章
# 基于 Beta 分布的模糊集距离
# 指标控制图的设计

控制图方法是质量控制的核心方法，模糊质量控制的核心是，监控以模糊质量指标为质量特性值的产品生产过程是否处于统计稳态。因此，需要研究和建立以模糊质量指标为监控对象的模糊质量控制图。本章的研究重点是基于模糊集距离指标的模糊质量控制图的设计。

## 第一节　基于 Beta 分布的模糊质量控制图

前文已经指出，模糊集距离指标的随机变动可以用 Beta 分布进行描述，由此可以建立基于 Beta 分布的模糊集距离指标控制图，用于质量控制。本章的内容是建立以 Beta 分布为概率基础的基于模糊集距离指标的模糊控制图，并运用平均链长（Average Run Lengths，ARL）对上述控制图的控制效果进行分析。

### 一　控制图的统计基础

本书第三章已给出 Beta 分布参数 $a$ 和 $b$ 的基于顺序统

计量的极大似然估计量，记为 $a^*$ 和 $b^*$，并运用模拟方法给出了估计量 $a^*$ 和 $b^*$ 的估计值，可以看出，运用给定 $m$ 组子样本、子样本量为 $n$ 的样本（结合模拟所得结果，子样本量 $n$ 至少应取 50，如可能的话可取 100），可以得出一组参数 $a$ 和 $b$ 的估计值。其中，该组估计值的中位数较平均值更接近于参数的真实值。

将估计值 $a^*$ 和 $b^*$ 代入公式（3.2.9）和公式（3.2.10），可计算出 Beta 分布的数学期望和标准差的估计值 $\tilde{\mu}$ 和 $\tilde{\sigma}$。对得出的 $m$ 个 $\tilde{\mu}$ 和 $\tilde{\sigma}$ 取 99.865% 和 0.135% 分位数分别作为 $\tilde{\mu}$ 控制图和 $\tilde{\sigma}$ 控制图的上限和下限控制线，分别记为 $\tilde{\mu}_U$、$\tilde{\mu}_L$ 和 $\tilde{\sigma}_U$、$\tilde{\sigma}_L$，取中位数分别作为 $\tilde{\mu}$ 控制图和 $\tilde{\sigma}$ 控制图的中心线，分别记为 $\tilde{\mu}_M$ 和 $\tilde{\sigma}_M$，由此可以建立基于 Beta 分布的 $\tilde{\mu}$ 控制图和 $\tilde{\sigma}$ 控制图。

考虑到上述两个控制图的控制统计量 $\tilde{\mu}$ 和 $\tilde{\sigma}$ 均是基于估计量 $a^*$ 和 $b^*$ 得出的，必然要关注的一个问题是统计量 $\tilde{\mu}$ 和 $\tilde{\sigma}$ 是否独立。因此，本章将首先对该问题进行研究。

对于求证统计量 $\tilde{\mu}$ 和 $\tilde{\sigma}$ 是否独立，研究思路如下：对于每对估计量 $(a^*, b^*)$ 计算得出的统计量 $(\tilde{\mu}, \tilde{\sigma})$，若 $\tilde{\mu}$ 和 $\tilde{\sigma}$ 是独立的，则其联合分布函数可以表示为 $\tilde{\mu}$ 和 $\tilde{\sigma}$ 的边际分布函数的乘积，因此我们可以基于得出的估计值 $(\tilde{\mu}, \tilde{\sigma})$ 的样本来验证上述关系是否成立：$\tilde{\mu}$ 和 $\tilde{\sigma}$ 是否相互独立，等价于下式成立：

$$P(\tilde{\mu} \leq c, \tilde{\sigma} \leq d) = P(\tilde{\mu} \leq c)P(\tilde{\sigma} \leq d) \qquad (5.1.1)$$

式中，$c$ 和 $d$ 为某一常数。本章将运用模拟方法验证上式关系是否成立，假设总体分布为 Beta（1.5，11），模拟子样本量取为 50，模拟 10000 次，运用模拟得出的 $\tilde{\mu}$ 和 $\tilde{\sigma}$

检验公式（5.1.1）是否成立，结果见表 5 - 1（程序见附录七）。

表 5 - 1　$P\ (\tilde{\mu}\leqslant c,\ \tilde{\sigma}\leqslant d)$、$P\ (\tilde{\mu}\leqslant c)$ 和 $P\ (\tilde{\sigma}\leqslant d)$ 的取值

| $P(\tilde{\mu}\leqslant c,\tilde{\sigma}\leqslant d)$ | $c=0.09$ | $c=0.10$ | $c=0.11$ | $c=0.12$ | $c=0.13$ | $c=0.14$ | $c=0.15$ | $P(\tilde{\sigma}\leqslant d)$ |
|---|---|---|---|---|---|---|---|---|
| $d=0.05$ | 0.0012 | 0.0038 | 0.0044 | 0.0049 | 0.0049 | 0.0049 | 0.0049 | 0.0049 |
| $d=0.06$ | 0.0037 | 0.0195 | 0.0442 | 0.0561 | 0.0586 | 0.0588 | 0.0588 | 0.0588 |
| $d=0.07$ | 0.0047 | 0.0394 | 0.1366 | 0.2263 | 0.2616 | 0.2696 | 0.2707 | 0.2708 |
| $d=0.08$ | 0.0052 | 0.0458 | 0.1986 | 0.4073 | 0.5463 | 0.5881 | 0.5949 | 0.5958 |
| $d=0.09$ | 0.0053 | 0.0474 | 0.2166 | 0.4942 | 0.7327 | 0.8296 | 0.8527 | 0.8554 |
| $d=0.10$ | 0.0053 | 0.0474 | 0.2188 | 0.5125 | 0.7854 | 0.9213 | 0.9616 | 0.9679 |
| $d=0.11$ | 0.0053 | 0.0474 | 0.2190 | 0.5146 | 0.7931 | 0.9378 | 0.9860 | 0.9949 |
| $d=0.12$ | 0.0053 | 0.0474 | 0.2190 | 0.5148 | 0.7937 | 0.9397 | 0.9895 | 0.9993 |
| $P(\tilde{\mu}\leqslant c)$ | 0.0053 | 0.0474 | 0.2190 | 0.5148 | 0.7937 | 0.9397 | 0.9899 | |

从表 5 - 1 可以看出，$P\ (\tilde{\mu}\leqslant c,\ \tilde{\sigma}\leqslant d)\ \neq P\ (\tilde{\mu}\leqslant c)\ \times P\ (\tilde{\sigma}\leqslant d)$，即 $\tilde{\mu}$ 和 $\tilde{\sigma}$ 不是相互独立的，这一结果表明只有 $\tilde{\mu}$ 和 $\tilde{\sigma}$ 控制图同时判稳，生产过程才是处于统计稳态的，有任一控制图出现异常，则过程就出现异常；且另一控制图即使未出现异常也不再可用，必须重新调整过程，直至两图同时判稳。

## 二　控制界限的计算

构造控制图首先要确定其分布，得出参数，然后计算控制图的中心线及上下控制线。

### （一）$\tilde{\mu}$ 控制图控制线的计算

由上述结果，与休哈特控制图的 $3\sigma$ 原则类似，$\tilde{\mu}$ 控制图的中心线和控制线为：

$$
\begin{aligned}
UCL_{\tilde{\mu}} &= \tilde{\mu}_U \\
CL_{\tilde{\mu}} &= \tilde{\mu}_M \\
LCL_{\tilde{\mu}} &= \tilde{\mu}_L
\end{aligned}
\qquad (5.1.2)
$$

## （二） $\tilde{\sigma}$ 控制图控制线的计算

同理，$\tilde{\sigma}$ 控制图的中心线及上下控制线为：

$$UCL_{\tilde{\mu}} = \tilde{\sigma}_U$$
$$CL_{\tilde{\mu}} = \tilde{\sigma}_M \qquad (5.1.3)$$
$$LCL_{\tilde{\mu}} = \tilde{\sigma}_L$$

为直观显示控制用的统计量 $\tilde{\mu}$ 和 $\tilde{\sigma}$ 的变动情形，本章分别做出统计量 $\tilde{\mu}$ 和 $\tilde{\sigma}$ 的频数直方图（见图 5 - 1 和图 5 - 2），其中总体分布为 Beta（1.5，11），模拟子样本量取为 50，模拟 10000 次。

总体分布 Beta（1.5，11）的均值为 $\mu = 0.12$，标准差为 $\sigma = 0.0884$。模拟得出的均值估计量的中位数为 0.1196，标准差估计量的中位数为 0.0871，均略小于参数的真实值。均值估计量的 99.865% 和 0.135% 分位数分别为 0.1576 和 0.0862，标准差估计量的 99.865% 和 0.135% 分位数分别为 0.1256 和 0.0564。

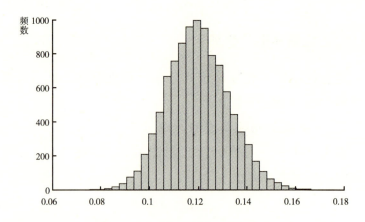

图 5 - 1　统计量 $\tilde{\mu}$ 的频数直方图

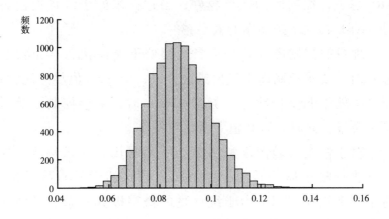

图 5 – 2　统计量 $\widetilde{\sigma}$ 的频数直方图

## 第二节　基于 Beta 分布的模糊控制图的
## 控制效果分析

平均链长也称为平均运行长度，是评价控制图效果的常用指标之一，它是考察一个控制图好坏的非常重要的参考指标，对它们的求解也是质量控制领域中非常关键的问题。

当过程存在异常波动时，要求控制图能够尽快地识别，这时常用的评价指标就是平均链长。ARL 定义为：对某一确定的质量水平，控制图从开始应用于过程控制，直到发生警报为止的平均样本数，即直接观测值第一次超出控制线的样本个数（包括超出样本点）。

另外，研究表明，对某一个确定的质量特性水平，控制图从开始进行控制直到发出警报信号为止所抽取的平均样本数称为平均链长。在过程处于统计控制态时，ARL 等于 $1/\alpha$，

ARL 越长，控制图的效果越好；当过程未处于统计控制态时，ARL 越短，控制图的效果越好。

理想的控制图应该是：当过程处于受控状态（正常状态）时，要求控制图不发出错误警报，即 ARL 值尽可能大；当过程处于非受控状态（异常状态）时，要求控制图及时发出警报，此时，ARL 值要求尽可能小。

对于常规控制图求解 ARL，一般采用直接求解法，这种方法只限于休哈特图，可由几何分布的性质直接导出。对于非常规控制图，由于统计量的概率极其复杂，且概率分布随控制参数有很大的变化，与常规控制图类似的方法已无能为力，学术界研究出求解平均链长的方法大概有三种：

一是 Fredholm 积分方程的方法。由 Crowder. S. V. 首先提出，最早在 CUSUM 控制图时就曾应用，后 Van Dobben 对其进行了深入的讨论。

二是马尔可夫链的方法。最早由 Brook 和 Evans 提出，该方法将质量过程的统计量看作一个马尔可夫程，将控制图两控制线之间分为有限的子区间，每个子区间都视为马尔可夫的一个转移状态。

三是随机模拟的方法。随机模拟方法是借助计算机程序，应用随机数发生器产生随机数，模拟质量随机过程，用所得样本均值来估计运行长度的均值，最后统计获得平均链长 ARL。

借鉴模拟计算二元自相关过程的残差 $T^2$ 控制图的 ARL 的方法，本书采用蒙特卡洛模拟方法得到基于 Beta 分布的模糊集距离指标控制图的 ARL，从而对基于 Beta 分布的模糊集距离指标控制图的控制效果进行分析。

模拟过程生成分布 Beta（1.5，11）的随机数，共生成 10000 组随机数，每组样本量 $n$ 取 50，每组随机数可求得一个相应的极大似然估计量 $a^*$ 和 $b^*$，共可得到 10000 个 $a^*$ 和 $b^*$，由此求出基于 Beta 分布的模糊集距离指标 $\tilde{\mu}$ 控制图和 $\tilde{\sigma}$ 控制图的中心线和控制线，建立模糊集距离指标控制图。用生成的历史数据在模糊集距离指标 $\tilde{\mu}$ 控制图和 $\tilde{\sigma}$ 控制图内进行判稳，若稳定，则模糊集距离指标控制图可以作为控制用控制图；若不稳，则重新生成随机数，重新建立模糊集距离指标控制图（程序见附录八）。

## 一　$\tilde{\mu}$ 控制图和 $\tilde{\sigma}$ 控制图的控制效果分析

经计算，求得符合要求的 $\tilde{\mu}$ 控制图的中心线和控制线为：

$$\begin{aligned} UCL_{\tilde{\mu}} &= 0.157581 \\ CL_{\tilde{\mu}} &= 0.119573 \\ LCL_{\tilde{\mu}} &= 0.086243 \end{aligned} \tag{5.2.1}$$

$\tilde{\sigma}$ 控制图的中心线和控制线为：

$$\begin{aligned} UCL_{\tilde{\sigma}} &= 0.125622 \\ CL_{\tilde{\sigma}} &= 0.087109 \\ LCL_{\tilde{\sigma}} &= 0.056402 \end{aligned} \tag{5.2.2}$$

当过程处于统计稳态时，即质量特性值服从分布 Beta（1.5，11），生成的 10000 组每组子样本量为 $n$ 的服从分布 Beta（1.5，11）的随机数，可以分别计算出每组子样本的 10000 个估计量 $\tilde{\mu}$ 和 $\tilde{\sigma}$，由此计算 $\tilde{\mu}$ 控制图和 $\tilde{\sigma}$ 控制图的一个链长，即当过程总体均值 $\mu$ 发生偏移时，相对偏移量 $\delta_1$ 定义为：

$$\delta_1 = \frac{\mu - \mu_0}{UCL_{\tilde{\mu}} - LCL_{\tilde{\mu}}} \tag{5.2.3}$$

即 Beta 分布的总体均值 $\mu$，以相对偏移量 $\delta$ 偏离初始均值 $\mu_0 = 1.5 / (1.5 + 11)$ 时，生成 5000 组，每组样本量为 $n$ 的服从新的 Beta 分布的随机数，可以分别计算出 $\tilde{\mu}$ 控制图和 $\tilde{\sigma}$ 控制图的一个链长；将上述生成 ARL 的过程重复 1000 次，可以求得统计稳态下的 ARL 和过程发生偏移时 $\tilde{\mu}$ 控制图和 $\tilde{\sigma}$ 控制图的 ARL，如表 5 - 2 和表 5 - 3 所示（上述程序见附录八）。

表 5 - 2　不同偏移量 $\delta_1$ 下 $\tilde{\mu}$ 控制图的 ARL

| $\delta_1$ | ARL | $\delta_1$ | ARL | $\delta_1$ | ARL | $\delta_1$ | ARL | $\delta_1$ | ARL |
|---|---|---|---|---|---|---|---|---|---|
| - 1.5 | 1 | - 0.6 | 1.255 | - 0.1 | 79.421 | 0.2 | 28.990 | 0.9 | 1.012 |
| - 1.2 | 1 | - 0.3 | 6.161 | 0 | 237.634 | 0.3 | 9.811 | 1.2 | 1 |
| - 0.9 | 1.01 | - 0.2 | 19.068 | 0.1 | 99.416 | 0.6 | 1.554 | 1.5 | 1 |

表 5 - 3　不同偏移量 $\delta_1$ 下 $\tilde{\sigma}$ 控制图的 ARL

| $\delta_1$ | ARL | $\delta_1$ | ARL | $\delta_1$ | ARL | $\delta_1$ | ARL | $\delta_1$ | ARL |
|---|---|---|---|---|---|---|---|---|---|
| - 1.5 | 1.415 | - 0.6 | 37.663 | - 0.1 | 239.209 | 0.2 | 608.361 | 0.9 | 2700.646 |
| - 1.2 | 3.722 | - 0.3 | 119.419 | 0 | 354.300 | 0.3 | 789.767 | 1.2 | 4068.184 |
| - 0.9 | 12.413 | - 0.2 | 178.391 | 0.1 | 449.771 | 0.6 | 1605.550 | 1.5 | 4986.666 |

当过程标准差 $\sigma$ 发生偏移时，相对偏移量 $\delta_2$ 定义为：

$$\delta_2 = \frac{\sigma - \sigma_0}{UCL_{\tilde{\sigma}} - LCL_{\tilde{\sigma}}} \tag{5.2.4}$$

即 Beta 分布的总体标准差 $\sigma$，以相对幅度 $\delta_2$ 偏离初始值 $\sigma_0 = (1.5 \times 11) / [(1.5 + 11)^2 (1.5 + 11 + 1)]$ 时，生成 10000 组每组样本量为 $n$ 的服从新的 Beta 分布的随机数，可以计算出 $\tilde{\mu}$ 控制图和 $\tilde{\sigma}$ 控制图的一个链长；将上述生成链长的过程重复 1000 次，分别可以求得统计稳态下 $\tilde{\mu}$ 控制图

和 $\tilde{\sigma}$ 控制图的 ARL 和过程标准差 $\sigma$ 发生偏移时 $\tilde{\mu}$ 控制图和 $\tilde{\sigma}$ 控制图的 ARL（见表 5 - 4 和表 5 - 5）。

表 5 - 4　不同偏移量 $\delta_2$ 下 $\tilde{\mu}$ 控制图的 ARL

| $\delta_2$ | ARL | $\delta_2$ | ARL | $\delta_2$ | ARL | $\delta_2$ | ARL | $\delta_2$ | ARL |
|---|---|---|---|---|---|---|---|---|---|
| - 1. 2 | > 10000 | - 0. 3 | 4602. 838 | 0 | 237. 634 | 0. 3 | 50. 179 | 1. 2 | 6. 940 |
| - 0. 9 | > 10000 | - 0. 2 | 1413. 755 | 0. 1 | 126. 534 | 0. 6 | 18. 963 | | |
| - 0. 6 | > 10000 | - 0. 1 | 511. 066 | 0. 2 | 75. 730 | 0. 9 | 11. 031 | | |

表 5 - 5　不同偏移量 $\delta_2$ 下 $\tilde{\sigma}$ 控制图的 ARL

| $\delta_2$ | ARL | $\delta_2$ | ARL | $\delta_2$ | ARL | $\delta_2$ | ARL | $\delta_2$ | ARL |
|---|---|---|---|---|---|---|---|---|---|
| - 1. 2 | 1 | - 0. 3 | 10. 918 | 0 | 354. 300 | 0. 3 | 7. 270 | 1. 2 | 1. 086 |
| - 0. 9 | 1 | - 0. 2 | 44. 722 | 0. 1 | 74. 751 | 0. 6 | 1. 862 | | |
| - 0. 6 | 1. 026 | - 0. 1 | 181. 991 | 0. 2 | 19. 7430 | 0. 9 | 1. 227 | | |

控制图只有在过程出现异常时的 ARL［记为 ARL $(\delta)$］明显小于过程处于统计控制状态时的 ARL［记为 ARL $(0)$］时才有意义。依相关文献给出的标准，如果

$$\text{ARL}(\delta) < \frac{1}{2}\text{ARL}(0) \qquad (5.2.5)$$

就认为 ARL $(\delta)$ 明显小于 ARL $(0)$。从上述表中数据可以看出，即使偏移量 $\delta$ 较小，如 $\delta = 0.3$ 或 $\delta = -0.3$ 时，公式（5.2.5）均成立，表明 $Me$ 控制图较灵敏，控制效果能够满足使用要求。

通过以上分析，从表 5 - 2 ~ 表 5 - 5 中的数据可以得到以下结果：

第一，当过程总体均值 $\mu$ 发生小的正偏移或负偏移时，$\tilde{\mu}$ 控制图的 ARL 明显减小，当相对偏移量的绝对值 $|\delta_1| =$

0.1 时，$\tilde{\mu}$ 控制图的 ARL 即有满足公式（5.2.5）所示的异常现象出现，表明 $\tilde{\mu}$ 控制图非常灵敏。

第二，当过程总体均值 $\mu$ 发生负偏移时，$\tilde{\sigma}$ 控制图的 ARL 明显减小；但当过程总体均值 $\mu$ 发生正偏移时，$\tilde{\sigma}$ 控制图的 ARL 反而明显增加。这一结果表明，过程总体均值 $\mu$ 的变化对 $\tilde{\sigma}$ 控制图的 ARL 的影响是不对称的。

第三，当过程总体标准差 $\sigma$ 发生小的正偏移或负偏移时，$\tilde{\sigma}$ 控制图的 ARL 明显减小，当相对偏移量 $\delta_2 = 0.1$ 时，$\tilde{\sigma}$ 控制图的 ARL 即有满足公式（5.2.5）所示的异常现象出现；当相对偏移量 $\delta_2$ 稍小于 $-0.1$ 时，$\tilde{\sigma}$ 控制图的 ARL 同样有满足公式（5.2.5）所示的异常现象出现。上述结果表明，$\tilde{\sigma}$ 控制图非常灵敏，且过程总体标准差 $\sigma$ 发生小的正偏移或负偏移对 $\tilde{\sigma}$ 控制图的 ARL 的影响具有不对称性。

第四，当过程总体标准差 $\sigma$ 发生正偏移时，$\tilde{\mu}$ 控制图的 ARL 明显减小；但当过程总体标准差 $\sigma$ 发生负偏移时，$\tilde{\mu}$ 控制图的 ARL 反而明显增加。这一结果表明，总体标准差 $\sigma$ 的变化对 $\tilde{\mu}$ 控制图的 ARL 的影响是不对称的。

第五，总体来看，$\tilde{\mu}$ 控制图和 $\tilde{\sigma}$ 控制图对于过程均值和标准差的异常变动的监控是很灵敏的。但需要指出的是：由于 $\tilde{\mu}$ 和 $\tilde{\sigma}$ 相互不独立，当过程均值和标准差异常变动时，$\tilde{\mu}$ 控制图和 $\tilde{\sigma}$ 控制图均将受到影响，当总体参数的变动方向不同时，其交互影响（$\mu$ 变动对 $\tilde{\sigma}$ 控制图的影响或 $\sigma$ 变动对 $\tilde{\mu}$ 控制图的影响）的结果具有很大的差异。

## 二　基于 Beta 分布的质量控制图的特点

由上述控制图的中心线及控制上下线的计算及相关分析，不难得出基于 Beta 分布的质量控制图相对于传统的休哈特控制图呈现以下特点：

第一，在休哈特控制图系列中的常规控制图中，控制图沿中心线分成的上下两个部分是对称的，由警戒线分割成的六个区域也是对称的；而在本书给出的基于 Beta 分布的模糊集距离指标 $\tilde{\mu}$ 控制图和 $\tilde{\sigma}$ 控制图中，控制图沿中心线分成的上下两个部分是不对称的，相应由警戒线分割成的各个区域也是不对称的。

第二，模糊集距离指标 $\tilde{\mu}$ 控制图和 $\tilde{\sigma}$ 控制图的统计基础不同于休哈特控制图系列中的常规均值和标准差控制图。$\tilde{\mu}$ 控制图和 $\tilde{\sigma}$ 控制图的建立以 Beta 分布为基础，且统计量 $\tilde{\mu}$ 和 $\tilde{\sigma}$ 不独立，因此 $\tilde{\mu}$ 控制图和 $\tilde{\sigma}$ 控制图必须同时判稳。

以上部分，本书给出了基于 Beta 分布的质量控制图的控制界限及效果分析，并得出了与传统休哈特控制图的不同特征，下面将研究该控制图的控制程序及判稳。

## 第三节 控制图的控制程序

$\tilde{\mu}$ 控制图从均值的角度揭示组间不希望出现的变差，$\tilde{\sigma}$ 控制图则揭示组内不希望出现的变差，它是考察过程的变异程度的一种指示器。若组内变差基本不变，则 $\tilde{\mu}$ 图表明过程保持统计控制状态，这种情况当且仅当所有子组受到相同处理时才会发生。若 $\tilde{\mu}$ 图表明过程不保持统计控制状态，或 $\tilde{\mu}$ 增大，这表示可能不同的子组受到了不同的处理，或是若干个不同的系统因素正在对过程起作用。由 $\tilde{\mu}$ 和 $\tilde{\sigma}$ 的估计量的计算过程可知，$\tilde{\mu}$ 控制图和 $\tilde{\sigma}$ 控制图的失控状态均会影响另一方，则 $\tilde{\mu}$ 控制图或 $\tilde{\sigma}$ 控制图未判稳。

因此，$\tilde{\mu}$ 和 $\tilde{\sigma}$ 联合控制图的操作步骤如下：

步骤 1：确定所控制的质量指标（即控制对象，也即控制图中所打的点子）。

步骤 2：按照合理分组的原则，取预备数据子组大小为50 及以上；取 20～25 个子组；为了使得所取数据属于同一总体，同一子组的数据应在同样的生产条件下取得，故要求在短间隔内抽取样本。

步骤 3：计算 $\tilde{\mu}$ 控制图和 $\tilde{\sigma}$ 控制图的控制线和中心线，即相应估计量的 0.135% 和 99.865% 分位数和中位数，可得出 $\tilde{\mu}$ 控制图和 $\tilde{\sigma}$ 控制图的中心线及控制线。将预备数据在 $\tilde{\mu}$ 控制图和 $\tilde{\sigma}$ 控制图中打点，判稳。若处于稳态则进行步骤 4；否则，除去可查明原因后转入步骤 2，重新开始。

步骤 4：进行过程能力分析，计算过程能力指数并检验其是否满足技术要求。若过程能力满足技术要求，则转入步骤 5；若不满足，则需要调整过程直至过程能力满足技术要求为止。

步骤 5：延长 $\tilde{\mu}$ 和 $\tilde{\sigma}$ 联合控制图的控制线，作为控制用控制图，进行日常管理。

关于控制图的判异准则，可以分为有点出界和界内排列不随机两类。对于样本点出界，可以直接判断出现异常。对于后者的判异模式，原则上可以存在若干种，可以以休哈特控制图的判异 8 准则为借鉴。

## 第四节  本章小结

针对模糊质量控制问题中的模糊集距离指标变动的随机性，本章提出了模糊集距离指标服从 Beta 分布下的控制图的设计，得出了模糊集距离指标均值 $\tilde{\mu}$ 控制图和标准差 $\tilde{\sigma}$

控制图。在对上述控制图的统计原理进行充分讨论的基础上，给出上述控制图控制线的计算公式；分析上述控制图的特点，指出均值 $\tilde{\mu}$ 控制图和标准差 $\tilde{\sigma}$ 控制图必须同时判稳。运用平均链长对上述控制图的控制效果进行分析，结果表明，均值 $\tilde{\mu}$ 控制图和标准差 $\tilde{\sigma}$ 控制图对于过程参数的变动非常灵敏。综合以上结果，可以得出上述控制图的控制效果较好，在模糊质量控制中有一定的应用价值。最后，对上述联合控制图在实际应用中的控制程序进行了说明。

# 第六章
# 模糊集距离指标的
# 过程能力指数研究

上文已经给出了基于 Beta 分布的模糊集距离指标控制图的设计，本章进一步分析模糊质量控制中的另一个重要问题：当模糊集距离指标反映的生产过程处于统计稳态时，生产过程能否充分满足产品质量标准的要求，即过程能力指数的表现如何。本章将对模糊集距离指标的过程能力指数进行研究。

## 第一节　基于 Beta 分布的模糊集距离指标的过程能力指数

过程能力指数（$C_P$ 或 $C_{PK}$）作为控制图方法的重要组成部分，是统计过程控制的主要工具之一，该指数是研究在生产过程处于统计稳态时，生产过程的能力满足产品质量标准的程度的指标。过程能力指数作为衡量过程能力的常用指标已得到广泛承认和应用。例如列入现行国际标准 ISO

8258：2001 与等同采用该标准的我国国家标准 GB/T 4091 –
2001 的过程能力指数 $C_P$ 和 $C_{PK}$。

## 一　质量特性值服从正态分布下的过程能力指数的公式

过程能力指数也叫工序能力指数，工序能力是在一定时
间里处于控制状态（稳定状态）下的实际加工能力，它是
工序固有的能力，或者说它是工序保证质量的能力。工序能
力越高，则产品质量特性值的分散就会越小；工序能力越
低，则产品质量特性值的分散就会越大。它是表示过程分散
的一个参数，一般用 $6\sigma$ 来表示。

在质量特性值服从正态分布的情况下，分布中心与公差
中心重合时，也就是无偏移情况下，工序能力满足产品技术
要求（公差、规格等质量标准）的程度的参数，就是工序
能力指数，用 $C_P$ 表示，其表达式为：

$$C_p = \frac{T}{6\sigma} \approx \frac{(T_U - T_L)}{6\sigma} \tag{6.1.1}$$

式中，$T$ 为公差幅度，上下规范界限之差；$\sigma$ 为标准
差，$6\sigma$ 为过程能力。

分布中心与公差中心存在偏移的情况下，工序能力指数
用 $C_{PK}$ 表示，并有公式：

$$C_{PK} = (1 - K)C_P = (1 - K)T/6\sigma \qquad (0 \leqslant K < 1) \tag{6.1.2}$$

$\sigma$ 越小，$C_P$、$C_{PK}$ 越大，说明过程技术能力越好。$C_P = 1$，
代表有 99.73% 的产品质量特性满足规格要求。过程能力指
数的值越大，表明产品的离散程度相对于技术标准的公差范
围越小，因而过程能力就越高；过程能力指数的值越小，表

明产品的离散程度相对于公差范围越大，因而过程能力就越低。因此，可以从过程能力指数的数值大小来判断能力的高低。从经济和质量两方面的要求来看，过程能力指数值并非越大越好，而应在一个适当的范围内取值。

## 二 Beta 分布下的过程能力指数公式

假设模糊集距离指标随机变量服从分布 Beta ($a$, $b$)，建立基于非正态分布下的过程能力指数的方法。令 $\alpha = 0.135\%$，取对应于 Beta ($a$, $b$) 的模糊集距离指标的 $0.135\%$ 分位数 $\xi_\alpha$ 和 $99.865\%$ 分位数 $\xi_{1-\alpha}$，基于 Beta 分布的过程能力指数（记为 $C'_P$）为：

$$C'_P = \frac{T}{\xi_{1-\alpha} - \xi_\alpha} \tag{6.1.3}$$

式中，公差 $T$ 代表产品允许的取值范围，对于模糊集距离控制图，质量技术标准一般为 $0^{+T_U}_{-0}$ （$T_U \leqslant 1$），此时 $T = T_U$，其中 $T_U$ 为公差上限。

由于模糊集距离指标为 0 代表着最好的质量水平，模糊集距离指标为 1 代表着最差的质量水平，从实际生产过程的要求看，只有上限要求的单侧过程能力指数 $C'_{PU}$ 在模糊集距离控制图方法中具有重要应用价值，单侧过程能力指数 $C'_{PU}$ 的表达式为：

$$C'_{PU} = \frac{T_U - \xi_{0.5}}{\xi_{1-\alpha} - \xi_{0.5}} \tag{6.1.4}$$

类似地，当公差中心与质量特性值的分布中心不同时，可以定义存在偏移的过程能力指数为：

$$C'_{PK} = \frac{T - |\xi_{0.5} - M|}{\xi_{1-\alpha} - \xi_\alpha} \tag{6.1.5}$$

式中，$\xi_{0.5}$ 为分布 Beta（$a$，$b$）的中位数，$M$ 为产品技术标准的公差中心。可以看出，当质量特性值服从正态分布时，$C'_P$ 和 $C'_{PK}$ 分别等于过程能力指数 $C_P$ 和 $C_{PK}$。

### 三　过程能力指数的特性分析

针对生产制造过程中模糊集距离指标的变动特点，可运用 Beta 分布对其进行拟合。对于分布 Beta（$a$，$b$），第三章给出了模糊集距离指标的均值 $\mu$、标准差 $\sigma$ 与分布参数 $a$、$b$ 之间的关系式（3.2.9）和式（3.2.10），基于上述公式，可以求出运用均值 $\mu$ 和标准差 $\sigma$ 表述的分布参数 $a$，$b$ 的表达式为：

$$a = \frac{\mu(\mu - \mu^2 - \sigma^2)}{\sigma^2}, \quad b = \frac{(1 - \mu)(\mu - \mu^2 - \sigma^2)}{\sigma^2} \qquad (6.1.6)$$

运用上述公式研究均值 $\mu$ 和标准差 $\sigma$ 变动时，过程能力指数的变动特征。

模糊集距离指标技术标准的公差 $T \leqslant 1$，在实际生产制造过程中不同的实际需求确定的技术标准不同，相应的公差也不同。假设选择公差 $T = 0.5$ 用于过程能力指数的特性分析，即技术标准为 $0_0^{+0.5}$，此时可以得到均值 $\mu$ 和标准差 $\sigma$ 取不同值时的 $C'_P$ 的曲面，如图 6-1 所示。

当技术标准的下偏差 $d_L = 0$，上偏差 $d_U = 0.5$ 时，我们期望的均值 $\mu$ 和标准差 $\sigma$ 应满足一定的约束条件，图 6-1 的下方即反映这一约束条件的影响。从图上可以看出，一方面，随着模糊集距离指标的标准差 $\sigma$ 的取值从大到小，$C'_P$ 的取值逐渐增大，表明 $C'_P$ 的变化能在一定程度上反映过程能力的变化；另一方面，随着模糊集距离指标的均值 $\mu$ 的取值从大到小逐渐接近模糊集距离指标技术

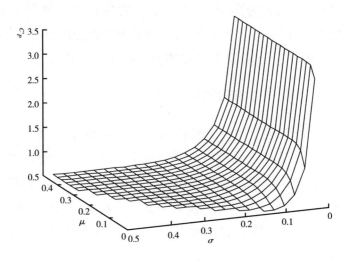

**图 6 - 1  $\mu$ 和 $\sigma$ 取不同值时 $C'_p$ 的曲面**

标准的理想值，$C'_p$ 的取值先增大后略有减小，而 $\mu$ 的取值越小说明过程能力越高。上述结果表明，$C'_p$ 的变化在一定程度上反映了过程能力的变化，但同时又不能充分反映过程能力的变化，$C'_p$ 用于反映过程能力有一定的局限性。

仍取技术标准 $0_0^{+0.5}$，可以得到在 Beta（$a$，$b$）的均值 $\mu$、标准差 $\sigma$ 均变化时对应的 $C'_{PU}$ 和 $C'_{PK}$ 的曲面如图 6 - 2 和图 6 - 3 所示。

由图 6 - 2 和图 6 - 3 可以看出，一方面，随着模糊集距离指标的标准差 $\sigma$ 的取值减小，$C'_{PU}$ 和 $C'_{PK}$ 的值越来越大，表明 $C'_{PU}$ 和 $C'_{PK}$ 的变化能在一定程度上反映过程能力的变化；另一方面，随着模糊集距离指标的均值 $\mu$ 的取值从大到小逐渐接近模糊集距离指标技术标准的理想值，$C'_{PU}$ 和 $C'_{PK}$ 的取值均先增大后减小，且减小的幅度明显大于 $C'_p$ 的减小幅度，而 $\mu$ 的取值越小说明过程能力越高。上述结果表明，$C'_{PU}$、$C'_{PK}$ 具有与 $C'_P$ 类似的局限性，不能充分反映真实的过程能力的变化。

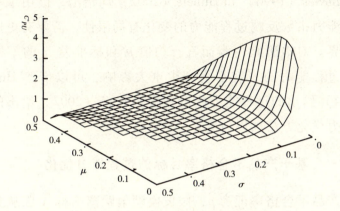

图 6 - 2　$\mu$ 和 $\sigma$ 取不同值时 $C'_{PU}$ 的曲面

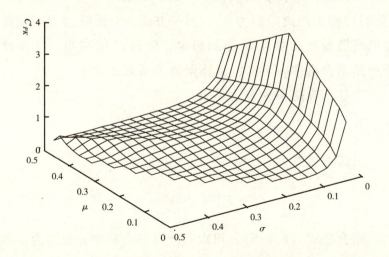

图 6 - 3　$\mu$ 和 $\sigma$ 取不同值时 $C'_{PK}$ 的曲面

## 第二节 过程能力优化分析

Boyles（1996）和 Hubele（2002）均指出，仅用单一的过程能力指数反映过程能力的变化有局限性，需要有更广阔的视界。对本研究内容而言，均值 $\mu$ 和标准差 $\sigma$ 的不同取值对过程能力的表现都会产生重大影响，可以借鉴 Hubele（1994）给出的过程能力分析方法和 Flaig（2002）给出的过程能力优化方法加以研究。

### 一 基于产品不合格率目标的过程能力优化

产品不合格率记为 $p$，假设模糊集距离指标 $X$ 服从分布 Beta $(a, b)$，该分布的均值为 $\mu$，标准差为 $\sigma$。要使产品不合格率 $p$ 变小，需要对该分布的均值 $\mu$ 和标准差 $\sigma$ 施加影响。一方面，应使 $\mu$ 的取值尽可能靠近技术标准的理想值 $L$（此时模糊集距离指标为 0）；另一方面，对反映过程质量特性值离散程度的参数 $\sigma$ 施加影响，使得 $\sigma$ 值减小，从而使得产品不合格率 $p$ 下降，具体函数关系表述如下。

产品不合格率 $p$ 表达式为：

$$p = P(X > T_U) \tag{6.2.1}$$

上式可转变为：

$$p = \int_{T_U}^{1} f(x; a, b) \, dx \tag{6.2.2}$$

结合公式（6.1.6），可以将产品不合格率 $p$ 表述为 $\mu$ 和 $\sigma$ 的函数，由于解析式较复杂，本章运用数值方法显示 $\mu$ 和 $\sigma$ 的变化引起的 $p$ 的变化，见图 6 - 4（仍取技术标准

$0_0^{+0.5}$)。可以看出,随着 $\mu$ 和 $\sigma$ 值减小,产品不合格率 $p$ 下降,过程能力充分程度提高。

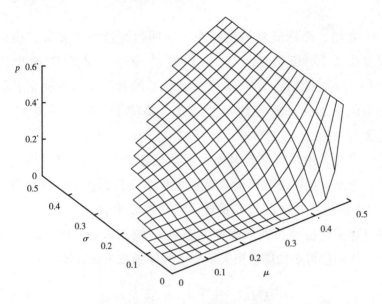

图 6 - 4 $\mu$ 和 $\sigma$ 取不同值时 $p$ 的曲面

## 二 基于产品质量损失目标的过程能力优化

技术标准为非对称偏差情形下,依 Li 和 Chou (2001)给出的非对称质量损失函数:

$$L(x) = \begin{cases} k_1(x-L)^2 & x \leqslant L \\ k_2(x-L)^2 & x \geqslant L \end{cases} \tag{6.2.3}$$

式中,$k_1 = A_1/d_L^2$,$k_2 = A_2/d_U^2$,$A_1$ 表示在公差下限处的产品质量损失,$A_2$ 表示在公差上限处的产品质量损失。显然,在非对称偏差的一般情形下,$k_1 \neq k_2$。

对于服从分布 Beta $(a, b)$ 的模糊集距离指标的平均

质量损失为:

$$E[L(x)] = \int_0^{T_u} k_2 x^2 f(x;a,b)\,dx \tag{6.2.4}$$

显然,平均质量损失越小,表明过程能力越充分。由公式(6.2.4)可以看出,由于 $k_2$ 为常数,平均质量损失 $E[L(x)]$ 的值由分布 Beta $(a, b)$ 的参数 $a$ 和 $b$ 决定,即由均值 $\mu$ 和标准差 $\sigma$ 决定。因此,要使平均质量损失变小,需要对 $\mu$ 和 $\sigma$ 施加影响。

首先,由非对称质量损失函数的定义式(6.2.3)可以得出,应使 $\mu$ 的取值尽可能靠近模糊集距离指标技术标准的理想值 $L$,理想情况是 $\mu$ 与 $L$ 重合;当 $\mu$ 与 $L$ 重合时,进一步对反映过程质量特性值离散程度的参数 $\sigma$ 施加影响,使得 $\sigma$ 值减小,从而使得平均质量损失下降。具体函数关系表述如下:

$$E[L(x)] = \int_0^{T_u} k_2 x^2 f(x;a,b)\,dx \tag{6.2.5}$$

当 $T_U = 1$ 时, $E[L(x)] = k_2(\mu^2 + \sigma^2)$,此时随着 $\mu$ 和 $\sigma$ 值减小,平均质量损失 $E[L(x)]$ 下降,且 $\mu$ 和 $\sigma$ 值减小导致的平均质量损失下降的边际影响相同,过程能力充分程度提高。

当 $T_U < 1$ 时,有:

$$E[L(x)] = \frac{a(a+1)}{(a+b)(a+b+1)} C(a+2,b;T_U) k_2 \tag{6.2.6}$$

式中, $C(a,b;T_U) = \int_0^{T_U} f(x;a,b)\,dx$,结合公式(6.1.3),可以将平均质量损失 $E[L(x)]$ 表述为 $\mu$ 和 $\sigma$ 的函数,由于解析式较复杂,本书运用数值方法显示 $\mu$ 和 $\sigma$ 的变化引起的 $E[L(x)]$ 的变化,见图 6-5(仍取技术标准 $0_0^{+0.5}$)。

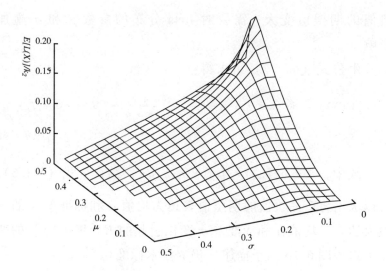

图 6-5　公式（6.2.6）所表达的曲面 $E[L(X)]$

从图中可以看出，随着 $\mu$ 和 $\sigma$ 值减小，平均质量损失 $E[L(x)]$ 下降，且 $\mu$ 和 $\sigma$ 值减小导致的平均质量损失下降的边际影响基本相同，过程能力充分程度提高。

### 三　基于产品价值目标的过程能力优化

以本书第四章中的价值函数为基础，可以运用产品价值的期望作为衡量过程能力是否充分的指标，显然，产品价值的期望值越大，过程能力越充分。

产品价值的期望表达式为：

$$E[W(X)] = \int_0^{T_U} \left( W - \frac{W}{T_U^2} x^2 \right) f(x;a,b)\,dx \qquad (6.2.7)$$

由公式（6.2.7）可以看出，由于 $W_L$ 和 $T_U^2$ 为常数，产品价值的期望值 $E[W(X)]$ 由 Beta 分布的参数 $a$ 和 $b$ 决定，即由分布的均值 $\mu$ 和标准差 $\sigma$ 决定。因此，要使产品价值的期望值变大，需要对 Beta 分布的参数 $\mu$ 和 $\sigma$ 施加影响。

由公式（6.2.7）可求得：

$$E[W(X)] = WC(a,b;T_U) - \frac{W}{T_U^2}\frac{a(a+1)}{(a+b)(a+b+1)}C(a+2,b;T_U)$$

$$(6.2.8)$$

式中，$C(a,b;T_U) = \int_0^{T_U} f(x;a,b)dx$。结合公式（6.1.6），可以求出将产品价值的期望值表达为均值 $\mu$ 和标准差 $\sigma$ 的函数表达式。均值 $\mu$ 和标准差 $\sigma$ 变化引起的 $E[W(X)]$ 的变化可以用图 6-6 给予描述（仍取技术标准 $0_0^{+0.5}$）。

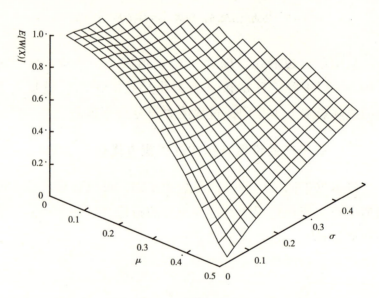

**图 6-6　公式（6.2.7）所表达的曲面（$E[W(X)]$
坐标轴单位为 $W_L$）**

从图中可以看出，随着 $\sigma$ 值减小，产品价值的期望值 $E[W(X)]$ 下降，随着 $\mu$ 值的减小，产品价值的期望值

$E [W (X)]$上升，且 $\mu$ 值减小导致的产品价值的期望值的边际影响比 $\sigma$ 值减小导致的 $E [W (X)]$ 的边际影响大，过程能力充分程度提高；这与以平均质量损失衡量的 $\mu$ 和 $\sigma$ 值变动的影响一致，但其数量关系则不同。由产品价值的期望值衡量的 $\mu$ 和 $\sigma$ 值变动的影响，反映出非对称偏差下 $\mu$ 值减小所产生的质量改进程度比 $\sigma$ 值减小所产生的质量改进程度高的特点。

## 第三节　过程能力指数的相关估计量及其统计特性模拟分析

### 一　$C'_P$、$C'_{PU}$ 和 $C'_{PK}$ 的估计量

$C'_P$ 的一个自然估计量 $\hat{C}'_P$ 的表达式为：

$$\hat{C}'_P = \frac{T}{\hat{\xi}_{0.99865} - \hat{\xi}_{0.00135}} \tag{6.3.1}$$

式中，$\hat{\xi}_{0.99865}$ 和 $\hat{\xi}_{0.00135}$ 为从实际生产过程得到的样本的 0.135% 分位数和 99.865% 分位数。当样本量较小时，可以运用自举法得到充分大的样本，进而可得出相应的样本分位数。例如，当样本量为 100 时，可以运用自举法以原始样本为母体，每次有放回地抽取 100 个，共抽取 100 次，可得到样本量为 10000 的一组样本，将该样本中的模糊集距离指标值从小到大进行排序，把第 13 个样本和第 14 个样本值的均值定义为 $\hat{\xi}_{0.00135}$，将第 9986 个样本和第 9987 个样本值的均值定义为 $\hat{\xi}_{0.99865}$。

相应的，$C'_{PU}$ 的一个自然估计量 $\hat{C}'_{PU}$ 的表达式为：

$$\hat{C}'_{PU} = \frac{T - \hat{\xi}_{0.5}}{\hat{\xi}_{1-\alpha} - \hat{\xi}_{0.5}} \qquad (6.3.2)$$

$C'_{PK}$ 的一个自然估计量 $\hat{C}'_{PK}$ 的表达式为：

$$\hat{C}'_{PK} = \frac{T - |\hat{\xi}_{0.5} - M|}{\hat{\xi}_{1-\alpha} - \hat{\xi}_{\alpha}} \qquad (6.3.3)$$

## 二　相关估计量的统计特性模拟分析

### （一）统计量 $\hat{\xi}_{0.99865}$ 的分布模拟

生成总体分布为 Beta (1.5, 11) 的分布随机数，共生成 $m$ 组，每组随机数的样本大小为 $n$，每组随机数可以求得一组极大似然统计量 $\hat{a}$ 和 $\hat{b}$ 的观测值，从而可以计算一个统计量 $\hat{\xi}_{0.99865}$ 的观测值。分别取 $n = 20$，50，100，1000；$m = 10000$，生成统计量 $\hat{\xi}_{0.99865}$ 的四幅频数分布子图，如图 6 - 7 所示（程序见附录九）。

由图 6 - 7 可以看出（结合表 6 - 1，见下文），统计量 $\hat{\xi}_{0.99865}$ 服从的分布具有以下特点：

①即使在样本量较小时（如图 6 - 7 (A)，$n = 20$），该分布近似为对称分布，当样本量较大时（$n = 1000$），该分布为正态分布。

②比较图 6 - 7 的子图 (A)、(B)、(C) 和 (D) 可以看出，该分布的分布中心接近 $\xi_{0.99865} = 0.501355$，且样本量越大越接近。

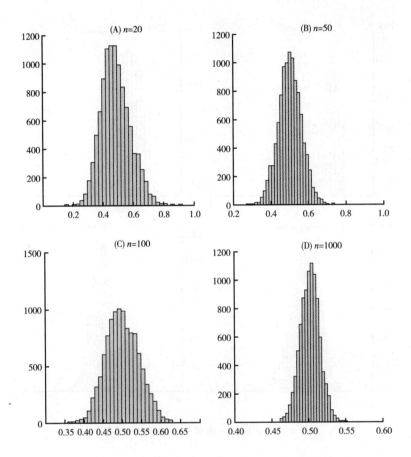

**图 6 - 7**　$n$ 取不同值时 $\hat{\xi}_{0.99865}$ 的频数分布图

## （二）统计量 $\hat{C}'_P$ 的分布模拟

运用与生成统计量 $\hat{\xi}_{0.99865}$ 的频数直方图类似的步骤可生成统计量 $\hat{C}'_P$ 的四幅频数分布子图，如图 6 - 8 所示。

类似的，可以生成统计量 $\hat{C}'_{PU}$ 和 $\hat{C}'_{PK}$ 的各四幅频数分布子图，如图 6 - 9 和图 6 - 10 所示。

进一步，本书模拟得出了统计量 $\hat{C}'_P$、$\hat{C}'_{PU}$ 和 $\hat{C}'_{PK}$ 的样本统计量值，如表 6 - 1 所示。

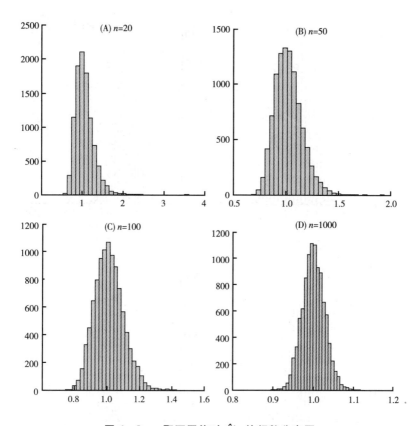

图 6 - 8　$n$ 取不同值时 $\hat{C}'_P$ 的频数分布图

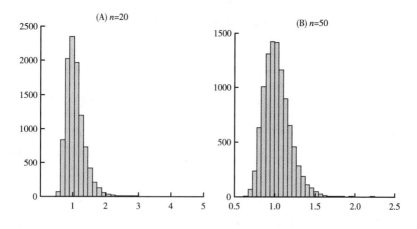

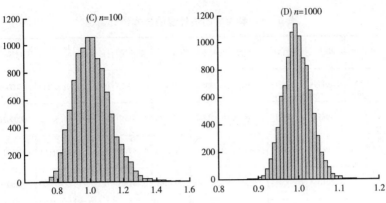

图 6 - 9　$n$ 取不同值时 $\hat{C}'_{PU}$ 的频数分布图

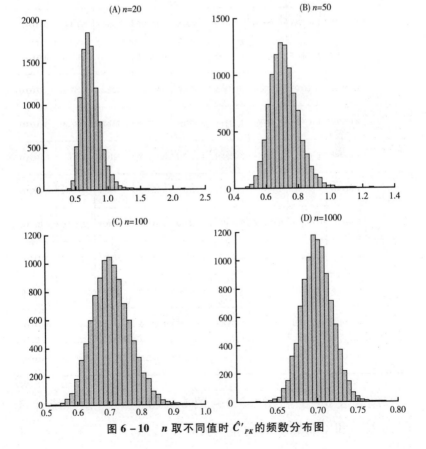

图 6 - 10　$n$ 取不同值时 $\hat{C}'_{PK}$ 的频数分布图

### 表 6-1 参数 $a$ 的估计量的样本统计量值

| | 均值 | 中位数 | 标准差 | 偏度系数 | 峰度系数 | 最小值 | 最大值 | Jarque - Bera | 概率 |
|---|---|---|---|---|---|---|---|---|---|
| $\hat{\xi}_{0.99865}$ ($n=20$) | 0.491798 | 0.488518 | 0.091739 | 0.230536 | 2.913838 | 0.229022 | 0.864312 | 91.67159 | 0.000000 |
| $\hat{\xi}_{0.99865}$ ($n=50$) | 0.496584 | 0.495475 | 0.058508 | 0.112843 | 2.971435 | 0.291550 | 0.738111 | 21.56242 | 0.000021 |
| $\hat{\xi}_{0.99865}$ ($n=100$) | 0.498137 | 0.497282 | 0.041764 | 0.075533 | 2.951970 | 0.359440 | 0.647293 | 10.46991 | 0.005327 |
| $\hat{\xi}_{0.99865}$ ($n=1000$) | 0.501047 | 0.500944 | 0.013411 | -0.003966 | 3.030168 | 0.445365 | 0.552736 | 0.405440 | 0.816507 |
| $\hat{C}'_{P}$ ($n=20$) | 1.061895 | 1.028306 | 0.216761 | 0.974853 | 4.570971 | 0.578509 | 2.254347 | 2612.208 | 0.000000 |
| $\hat{C}'_{P}$ ($n=50$) | 1.025679 | 1.012783 | 0.127134 | 0.653427 | 3.803322 | 0.677450 | 1.751053 | 980.4982 | 0.000000 |
| $\hat{C}'_{P}$ ($n=100$) | 1.014399 | 1.008525 | 0.087981 | 0.457785 | 3.393332 | 0.772705 | 1.407126 | 413.7408 | 0.000000 |
| $\hat{C}'_{P}$ ($n=1000$) | 1.001339 | 1.000803 | 0.027296 | 0.174460 | 3.107417 | 0.905938 | 1.128625 | 55.53462 | 0.000000 |
| $\hat{C}'_{PU}$ ($n=20$) | 1.077693 | 1.029894 | 0.273762 | 1.144676 | 5.168551 | 0.504145 | 2.700521 | 4143.230 | 0.000000 |
| $\hat{C}'_{P}$ ($n=50$) | 1.030048 | 1.011631 | 0.157914 | 0.758401 | 4.055741 | 0.624500 | 1.981878 | 1423.032 | 0.000000 |
| $\hat{C}'_{PU}$ ($n=100$) | 1.015304 | 1.006786 | 0.108617 | 0.533210 | 3.528686 | 0.723627 | 1.518461 | 590.3162 | 0.000000 |
| $\hat{C}'_{PU}$ ($n=1000$) | 0.998447 | 0.997647 | 0.033478 | 0.198181 | 3.126459 | 0.882642 | 1.157023 | 72.12295 | 0.000000 |
| $\hat{C}'_{PK}$ ($n=20$) | 0.740660 | 0.723899 | 0.142598 | 0.827304 | 4.313039 | 0.388704 | 1.579327 | 1859.084 | 0.000000 |
| $\hat{C}'_{PK}$ ($n=50$) | 0.717066 | 0.710243 | 0.084938 | 0.503901 | 3.529680 | 0.448528 | 1.155250 | 540.0944 | 0.000000 |
| $\hat{C}'_{PK}$ ($n=100$) | 0.709127 | 0.706160 | 0.059281 | 0.377703 | 3.333347 | 0.533763 | 0.994269 | 284.0661 | 0.000000 |
| $\hat{C}'_{PK}$ ($n=1000$) | 0.700583 | 0.700159 | 0.018466 | 0.127817 | 3.050226 | 0.640278 | 0.784214 | 28.27968 | 0.000001 |

结合表 6-1 和图 6-8 ~ 图 6-10 可以看出，统计量 $\hat{C}'_{P}$、$\hat{C}'_{PU}$ 和 $\hat{C}'_{PK}$ 服从的分布具有以下特点：

①统计量 $\hat{C}'_P$、$\hat{C}'_{PU}$ 和 $\hat{C}'_{PK}$ 服从的分布均为右偏分布，随着样本量的增大，上述统计量服从的分布逐渐趋向对称。

②比较图 6-8 的子图（A）、（B）、（C）和（D）可以看出，该分布的分布众数接近 $1/(\xi_{0.00135} + \xi_{0.99865})$ = 0.999929，且样本量越大越接近。

③比较图 6-9 的子图（A）、（B）、（C）和（D）可以看出，统计量 $\hat{C}'_{PU}$ 与分布众数接近 $(0.5 - \xi_{0.5})/(\xi_{0.99865} - \xi_{0.5})$ = 0.996624，且样本量越大越接近。

④比较图 6-10 的子图（A）、（B）、（C）和（D）可以看出，统计量 $\hat{C}'_{PK}$ 与分布众数接近 $(0.5 - |\xi_{0.5} - 0.25|)/(\xi_{0.99865} - \xi_{0.5})$ = 0.699695，且样本量越大越接近。

⑤比较统计量 $\hat{C}'_P$、$\hat{C}'_{PU}$ 和 $\hat{C}'_{PK}$ 服从的分布，$\hat{C}'_{PK}$ 的波动幅度相对最小（即变异系数 $\sigma/\mu$ 最小）且与正态分布最接近，$\hat{C}'_{PU}$ 的波动幅度相对最大且与正态分布的差异最大。

结合本章第一节的分析和本节的分析，从统计性质反映过程能力的角度看，$\hat{C}'_{PK}$ 和 $\hat{C}'_P$ 相对较优。

## 第四节　本章小结

本章针对模糊集距离指标随机变量的变动特点，进行过程能力分析。首先，本章借鉴相关文献在非正态分布下对过程能力指数 $C_P$ 和 $C_{PK}$ 的扩展定义，给出服从 Beta 分布下的过程能力指数 $C'_P$、$C'_{PK}$ 和 $C'_{PU}$，并对上述过程能力指数进行分析，指出其存在一定局限性；其次，本章分别基于产品不合格率导向、产品质量损失导向和产品价值导向进行过程能力优化分析，指出如何对 Beta 分布的总体参数进行优化；最后，本章分别给出过程能力指数 $C'_P$ 和 $C'_{PK}$ 的估计量 $\hat{C}'_P$ 和 $\hat{C}'_{PK}$ 的计算式，由于上述估计量的分布的复杂性，本章进一步运用蒙特卡洛方法进行了模拟分析，分析上述估计量的分布特点，并对不同估计量的统计分布进行了比较。

# 第七章
# 基于模糊集距离指标的
# 模糊质量控制图的应用

    经过前几章的研究，本章将对模糊控制图设计研究进行案例分析。通过对基于模糊集距离指标的模糊控制图的演算过程，分析了该控制图方法的应用。案例的数据资料源自 Tunisie Procelaine 一家生产瓷器的公司的实际生产过程中采集的数据。

    Tunisie Procelaine 公司是一家生产瓷器的企业，公司的客户对产品品质的要求很高。按照以往的生产实际，生产过程能力较强，一般情况下，产品合格率较高，但生产过程不稳定，会出现合格率偶然下降的状况，造成了浪费。公司希望通过控制图方法，对过程进行监控，及时查出变异，达到生产的标准品越多越好，不合格品越少越好。

    对模糊控制图的研究认为：运用度量控制图表现的平均链长指标，通过采集实际生产数据，对相关控制图的控制效果进行分析，通过监测失控过程，可以检验控制图对模糊程度变化的敏感性。同时，控制图的表现受样本模糊程度与转化方法的影响。

以往的研究证明了结合模糊性转化方法、概率方法、模糊中位数方法等建立的控制图表现较好。显而易见，本研究是以模糊集距离指标作为模糊属性转化方法，以 Beta 分布作为控制图的概率基础，并证明了控制图的控制中心线为模糊中位数的效果好于平均值。

根据上述分析，基于本研究的方法，采用模糊控制图方法。利用模糊控制图对生产过程进行质量控制的相关分析，具体分析如下：

案例提供的数据均是实际生产数据。生产的产品质量水平由专家进行分类，按照质量水平的高低，将之分为 4 个等级：标准品（产品无缺陷或仅有 1 个不可见的小缺陷）、二等品（仅有 1 个可见的小缺陷但不影响使用）、三等品（有 1 个可见的大缺陷但不影响使用）、劣等品（影响使用）。瓷器生产过程的产品质量数据每半小时采集一次，每次的抽样样本量大小不相同，数据见表 7-1。

表 7-1　瓷器产品质量抽样数据

| 样本 | 标准品数量 | 二等品数量 | 三等品数量 | 劣等品数量 | 样本量 |
|------|-----------|-----------|-----------|-----------|--------|
| 1 | 144 | 46 | 12 | 5 | 207 |
| 2 | 142 | 50 | 9 | 5 | 206 |
| 3 | 142 | 35 | 16 | 6 | 199 |
| 4 | 130 | 70 | 19 | 10 | 229 |
| 5 | 126 | 60 | 15 | 10 | 211 |
| 6 | 112 | 47 | 9 | 8 | 176 |
| 7 | 151 | 28 | 22 | 9 | 210 |
| 8 | 127 | 43 | 45 | 30 | 245 |
| 9 | 102 | 79 | 20 | 3 | 204 |
| 10 | 137 | 64 | 24 | 5 | 230 |

| 样本 | 标准品数量 | 二等品数量 | 三等品数量 | 劣等品数量 | 样本量 |
|---|---|---|---|---|---|
| 11 | 147 | 59 | 16 | 6 | 228 |
| 12 | 146 | 30 | 6 | 6 | 188 |
| 13 | 135 | 51 | 16 | 8 | 210 |
| 14 | 186 | 82 | 23 | 7 | 298 |
| 15 | 183 | 53 | 11 | 9 | 256 |
| 16 | 137 | 65 | 26 | 4 | 232 |
| 17 | 140 | 70 | 10 | 3 | 223 |
| 18 | 135 | 48 | 15 | 9 | 207 |
| 19 | 122 | 52 | 23 | 10 | 207 |
| 20 | 109 | 42 | 28 | 9 | 188 |
| 21 | 140 | 31 | 9 | 4 | 184 |
| 22 | 130 | 22 | 3 | 8 | 163 |
| 23 | 126 | 29 | 11 | 8 | 174 |
| 24 | 90 | 23 | 16 | 2 | 131 |
| 25 | 80 | 29 | 19 | 8 | 136 |
| 26 | 138 | 55 | 12 | 12 | 217 |
| 27 | 121 | 35 | 18 | 10 | 184 |
| 28 | 140 | 35 | 15 | 6 | 196 |
| 29 | 110 | 15 | 9 | 1 | 135 |
| 30 | 112 | 37 | 28 | 11 | 188 |

可以看出，共采集了 30 组数据，符合绘制分析用控制图的要求。另外，该数据为分类数据，并不具备本研究要求的模糊集距离指标数据的特征，因此需要进行转化。为了将上述数据进行转化，我们要做出两个前提条件。一是将标准品、二等品、三等品、劣等品，分别对应为模糊集距离指标的区间 $[0, 0.25]$、$[0.25, 0.5]$、$[0.5, 0.75]$ 和 $[0.75, 1]$。因此，在 $[0, 0.25]$ 中越接近于零，表示标准品中质量水平越高。由此可知，与标准品质量越接近，相应的产品质量等级越高，取值也越接近于零。二是在各分类区间内的数据可以用某一 Beta 分布进行拟合。

为了更好地分析模糊控制图的应用，本章首先用均匀分布为概率基础，与以 Beta 分布为概率基础进行对比分析。均匀分布是统计学中的常用分布，经常应用于非常规控制图。均匀分布的取值范围在 [0，1] 之间，并且表明随机变量落在 [0，1] 的子区间内的概率，只与子区间长度有关，而与子区间位置无关。依据本案例的实际情况，落在区间 [0，0.25]、[0.25，0.5]、[0.5，0.75] 和 [0.75，1] 长度相等的子区间内的可能性是相等的。首先，分析均匀分布下的 $\bar{X} - S$ 模糊控制图。

# 第一节　均匀分布下的 $\bar{X} - S$ 模糊控制图

## 一　样本均值和标准差的计算

假设模糊集距离指标所属各个区间 [0，0.25]、[0.25，0.5]、[0.5，0.75] 和 [0.75，1] 内的数据是均匀分布的，由此可以计算各区间的均值和标准差，进而依据各个区间数据的权重可以计算每个样本的均值和标准差，计算公式如下：

$$\bar{X} = \int_0^{0.25} \frac{\alpha_1 x}{0.25} dx + \int_{0.25}^{0.5} \frac{\alpha_2 x}{0.25} dx + \int_{0.5}^{0.75} \frac{\alpha_3 x}{0.25} dx + \int_{0.75}^1 \frac{\alpha_4 x}{0.25} dx \quad (7.1.1)$$

$$S = \int_0^{0.25} \frac{\alpha_1 (x - \bar{X})^2}{0.25} dx + \int_{0.25}^{0.5} \frac{\alpha_2 (x - \bar{X})^2}{0.25} dx$$
$$+ \int_{0.5}^{0.75} \frac{\alpha_3 (x - \bar{X})^2}{0.25} dx + \int_{0.75}^1 \frac{\alpha_4 (x - \bar{X})^2}{0.25} dx \quad (7.1.2)$$

式中，$\alpha_1$，$\alpha_2$，$\alpha_3$，$\alpha_4$ 分别表示每一样本中各类别质量产品出现的频率。上边两式分别可以写为：

$$\bar{X} = 0.125\alpha_1 + 0.375\alpha_2 + 0.625\alpha_3 + 0.875\alpha_4 \quad (7.1.3)$$

$$S = \frac{1}{0.75} \left[ \alpha_1 \overline{X}^3 + (\alpha_1 - \alpha_2)(0.25 - \overline{X})^3 + (\alpha_2 - \alpha_3)(0.5 - \overline{X})^3 \right.$$
$$\left. + (\alpha_3 - \alpha_4)(0.75 - \overline{X})^3 + \alpha_4(1 - \overline{X})^3 \right] \qquad (7.1.4)$$

依据上述公式计算得出样本均值 $\overline{X}$ 和标准差 $S$，结果见表 7-2。

表 7-2  瓷器产品质量抽样的模糊集距离指标的样本均值 $\overline{X}$ 和标准差 $S$

| 样本 | 均值 | 标准差 | 样本 | 均值 | 标准差 |
|---|---|---|---|---|---|
| 1 | 0.227657 | 0.191412 | 16 | 0.264009 | 0.202759 |
| 2 | 0.225728 | 0.186567 | 17 | 0.235987 | 0.176882 |
| 3 | 0.231784 | 0.204593 | 18 | 0.251812 | 0.214924 |
| 4 | 0.275655 | 0.216615 | 19 | 0.279589 | 0.227953 |
| 5 | 0.267180 | 0.217249 | 20 | 0.291223 | 0.236015 |
| 6 | 0.251420 | 0.210402 | 21 | 0.207880 | 0.182553 |
| 7 | 0.242857 | 0.223493 | 22 | 0.204755 | 0.198725 |
| 8 | 0.352551 | 0.281415 | 23 | 0.232759 | 0.213728 |
| 9 | 0.281863 | 0.193875 | 24 | 0.241412 | 0.204333 |
| 10 | 0.263043 | 0.204594 | 25 | 0.292279 | 0.242008 |
| 11 | 0.244518 | 0.198604 | 26 | 0.257488 | 0.220061 |
| 12 | 0.204787 | 0.186404 | 27 | 0.262228 | 0.230852 |
| 13 | 0.252381 | 0.211275 | 28 | 0.230867 | 0.203748 |
| 14 | 0.250001 | 0.198216 | 29 | 0.211667 | 0.178943 |
| 15 | 0.224609 | 0.196833 | 30 | 0.293553 | 0.234092 |

由上述数据，计算得出模糊集距离指标的样本均值和标准差。首先，根据控制图绘制的要求，30 组样本数据可以看作 30 个点子，符合绘制要求。由表 7-2 得出的子组均值及标准差数据，以及遵循"$\pm 3\sigma$ 原则"，可以计算 $\tilde{\mu}$ 控制图和 $\tilde{\sigma}$ 控制图的中心线和上下控制线，即 $\tilde{\mu}$ 控制图的中心线和上下控制线为：

$$UCL_{\tilde{\mu}} = \mu_{\bar{x}} + 3\sigma_{\bar{x}} = 0.314675$$
$$CL_{\tilde{\mu}} = \mu_{\bar{x}} = 0.251784 \qquad (7.1.5)$$
$$LCL_{\tilde{\mu}} = \mu_{\bar{x}} - 3\sigma_{\bar{x}} = 0.188893$$

$\tilde{\sigma}$ 控制图的中心线和控制线为：

$$UCL_{\tilde{\sigma}} = 0.30008$$
$$CL_{\tilde{\sigma}} = 0.20963$$
$$LCL_{\tilde{\sigma}} = 0.11844 \tag{7.1.6}$$

将表 7 - 2 中 30 个样本数据作为样本点在 $\tilde{\mu}$ 控制图和 $\tilde{\sigma}$ 控制图进行描点，得到相应的 $\tilde{\mu}$ 控制图及 $\tilde{\sigma}$ 控制图。见图 7 - 1 和图 7 - 2。

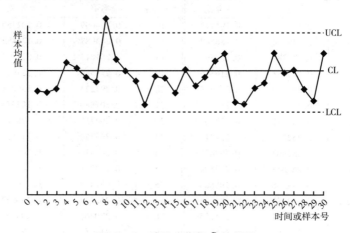

图 7 - 1 贴近度指标 $\tilde{\mu}$ 控制图

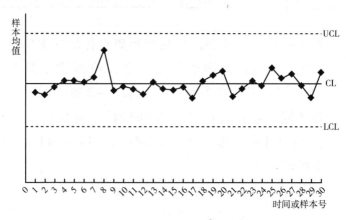

图 7 - 2 贴近度指标 $\tilde{\sigma}$ 控制图

可以看出，均值控制图中第8个点超出控制上线，表明过程出现异常，找出异常原因后，采取措施纠正。作为案例，为简单起见，可以去掉第8个子组，重现计算 $\tilde{\mu}$ 控制图和 $\tilde{\sigma}$ 控制图的中心线和上、下控制线。

$$UCL_{\tilde{\mu}} = 0.310459 \qquad\qquad UCL_{\tilde{\sigma}} = 0.29728$$
$$CL_{\tilde{\mu}} = 0.248310 \qquad 及 \qquad CL_{\tilde{\sigma}} = 0.20716$$
$$LCL_{\tilde{\mu}} = 0.186161 \qquad\qquad LCL_{\tilde{\sigma}} = 0.11705$$

相应的控制图可得，见图 7 - 3。

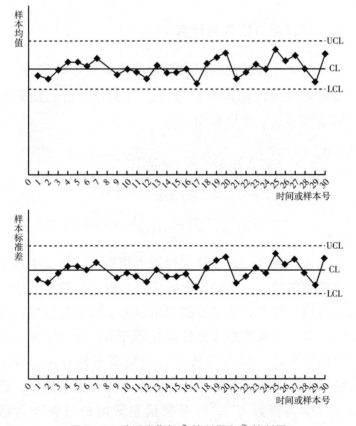

图 7 - 3　贴近度指标 $\tilde{\mu}$ 控制图和 $\tilde{\sigma}$ 控制图

去掉第 8 个点得到的控制图，其余各样本均值和标准差落在了 $\tilde{\mu}$ 控制图和 $\tilde{\sigma}$ 控制图上下控制线之间，而第 29 个点在下控制线附近，需要注意观察，表明过程基本判稳。在实际运用中，由于样本数据量较小，尚不能最终判断使得过程处于稳态下的控制图的控制线。仅限本例，由图 7-3 可判断过程基本是受控状态，故可将上下控制线和中心线延长，将分析用控制图转化为控制用控制图。

本章仅是作为算例，进行过程演算，以此对比均匀分布及 Beta 分布下样本均值 - 标准差模糊控制图的效果。

## 二 过程能力指数的计算

在案例中，若模糊集距离指标的质量技术标准为 $0^{+0.5}_{-0}$，基于模糊集距离指标样本均值可以分别计算过程能力指数 $C'_{P}$、$C'_{PU}$ 和 $C'_{PK}$，可以得出：

$$c_p^{prime} = \frac{0.5}{0.310459 - 0.186161} \approx 3.022591$$

$$c'_{PU} = \frac{0.5 - 0.248310}{0.310459 - 0.248310} \approx 2.824892$$

$$C'_{PK} = \frac{0.5 - |0.248310 - 0.25|}{0.310459 - 0.186161} \approx 3.008995$$

从上式可以看出，单侧过程能力指数 $C'_{PU}$ 给出了最保守的过程能力估计，考虑偏差影响的过程能力指数 $C'_{PK}$ 给出的过程能力估计较大；而过程能力指数 $C'_{P}$ 给出的过程能力指数最大。由于模糊集距离指标越接近于 0，表示质量水平越高，因此单侧过程能力指数 $C'_{PU}$ 的结果不具有代表性。另外，模糊集距离指标的技术标准具有非对称偏差特征，因此相对过程能力指数 $C'_{P}$，而考虑偏差影响的过程能力指数 $C'_{PK}$ 给出的过程能力指数更具有代表性。

## 第二节　基于 Beta 分布假设的模糊控制图

通过前文的介绍，Beta $(a, b)$ 分布的参数当 $a > 1$ 且 $b > 1$ 时，Beta 分布为单峰分布，用于拟合本章所研究的模糊集距离指标值的随机变动较合适。从案例给出的数据来看，产品期望的合格率 $\alpha = 0.975$ 左右，并且模糊集距离的合格线为 0.75，因此，根据前面的研究内容，满足一定的不合格率约束条件下的产品价值期望下，拟合的 Beta 分布的参数 $(a^*, b^*)$ 的范围大约在 1.3 附近。

### 一　样本均值和标准差的计算

假设模糊集距离指标服从 Beta 分布，由原始数据可以计算模糊集距离指标落在各个区间 $[0, 0.25]$、$[0.25, 0.5]$、$[0.5, 0.75]$ 和 $[0.75, 1]$ 内的频率，由此可以运用最小二乘方法估计 Beta 分布的参数，其演算过程如下：对于分布 Beta $(a, b)$，可以计算其落在上述 4 个区间的概率，令其与实际观测的频率的差的平方和最小，由此可以估计 Beta 分布的参数 $a$ 和 $b$，表达式为：

$$\min_{a,b} S$$
$$S = \left[ \int_0^{0.25} f(x;a,b)\,dx - \alpha_1 \right]^2 + \left[ \int_{0.25}^{0.5} f(x;a,b)\,dx - \alpha_2 \right]^2$$
$$+ \left[ \int_{0.5}^{0.75} f(x;a,b)\,dx - \alpha_3 \right]^2 + \left[ \int_{0.75}^{1} f(x;a,b)\,dx - \alpha_4 \right]^2 \quad (7.2.1)$$

式中，$\alpha_1$，$\alpha_2$，$\alpha_3$，$\alpha_4$ 分别表示每一样本中各类别质量产品出现的频率。依据上述公式可以得出参数 $a$ 和 $b$ 的估计值，进而可以计算 Beta 分布的样本均值和标准差的估计值，结果见表 7 - 3（估计程序见附录十）。

表 7 - 3   瓷器产品质量抽样的模糊集距离指标的
Beta 分布均值和标准差的估计值

| 样本 | 样本均值 | 样本标准差 | 样本 | 样本均值 | 样本标准差 |
|------|----------|------------|------|----------|------------|
| 1 | 0.192308 | 0.178042 | 16 | 0.246575 | 0.199880 |
| 2 | 0.195122 | 0.160127 | 17 | 0.224806 | 0.152944 |
| 3 | 0.186047 | 0.219258 | 18 | 0.214876 | 0.204729 |
| 4 | 0.250000 | 0.186339 | 19 | 0.252252 | 0.223530 |
| 5 | 0.236686 | 0.185949 | 20 | 0.263736 | 0.243498 |
| 6 | 0.216495 | 0.170281 | 21 | 0.157480 | 0.178269 |
| 7 | 0.187500 | 0.242061 | 22 | 0.135831 | 0.190187 |
| 8 | 0.274194 | 0.166254 | 23 | 0.202247 | 0.223671 |
| 9 | 0.243243 | 0.197902 | 24 | 0.261905 | 0.249716 |
| 10 | 0.215569 | 0.180765 | 25 | 0.217949 | 0.186508 |
| 11 | 0.148148 | 0.169840 | 26 | 0.222222 | 0.248452 |
| 12 | 0.218978 | 0.196596 | 27 | 0.185567 | 0.210062 |
| 13 | 0.215569 | 0.186339 | 28 | 0.126582 | 0.192776 |
| 14 | 0.180645 | 0.174246 | 29 | 0.259740 | 0.256389 |
| 15 | 0.192308 | 0.178042 | 30 | 0.246575 | 0.199880 |

## 二  $\tilde{\mu}$ 控制图和 $\tilde{\sigma}$ 控制图

依据前一章关于模糊集距离指标的样本均值和标准差的
演算步骤，可以得出控制图的控制线及中心线。取前 25 个
样本数据，可以计算 $\tilde{\mu}$ 控制图和 $\tilde{\sigma}$ 控制图的中心线和上下
控制线，即 $\tilde{\mu}$ 控制图的中心线和控制线为：

$$UCL_{\tilde{\mu}} = 0.2714707$$
$$CL_{\tilde{\mu}} = 0.215569$$
$$LCL_{\tilde{\mu}} = 0.135281 \tag{7.2.2}$$

$\tilde{\sigma}$ 控制图的中心线和控制线为：

$$UCL_{\tilde{\sigma}} = 0.239507$$
$$CL_{\tilde{\sigma}} = 0.186339$$
$$LCL_{\tilde{\sigma}} = 0.125281 \tag{7.2.3}$$

　　将上述控制图的中心线和上、下控制线与基于均匀分布假设的计算结果相比较，可以看出，Beta 分布下的模糊集距离指标较小，变动更趋于理想值。将表 7 – 3 中 25 个样本数据作为样本点在 $\tilde{\mu}$ 控制图和 $\tilde{\sigma}$ 控制图进行描点得到的控制图，见图 7 – 4 和图 7 – 5。

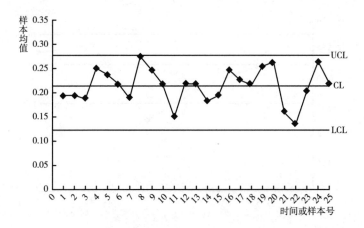

**图 7 – 4　贴近度指标 $\tilde{\mu}$ 控制图**

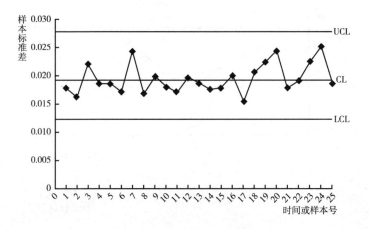

**图 7 – 5　贴近度指标 $\tilde{\sigma}$ 控制图**

由图 7-4 可知，除第 8 个样本点超出控制图上控制线之外，其他各点均在上下控制线之间，这与以均匀分布为条件的概率分布下的模糊控制图的情形基本一致。

先将表 7-3 中的最后 5 个样本数据作为样本点在 $\tilde{\mu}$ 控制图和 $\tilde{\sigma}$ 控制图进行描点，见图 7-6 和图 7-7。

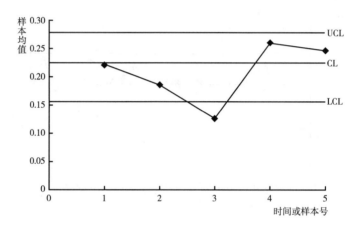

图 7-6 贴近度指标 $\tilde{\mu}$ 控制图

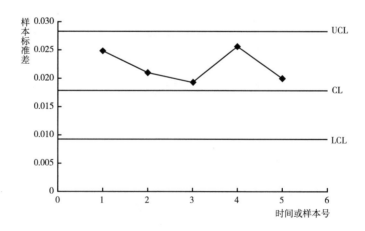

图 7-7 贴近度指标 $\tilde{\sigma}$ 控制图

由图 7-6 可以看出，第 3（28）个样本点的样本均值落在了 $\tilde{\mu}$ 控制图下控制线之外，表明过程还未判稳。由于案例的数据限制，样本数据量较小，控制图尚未能判稳。基于模糊集距离指标的模糊控制图，仅当过程判稳时，方可计算过程能力指数，本章旨在给出相应的计算过程。下面将计算过程能力指数。

### 三　过程能力指数的计算

在本案例中，若模糊集距离指标的质量技术标准为 $0_{-0}^{+0.5}$，基于模糊集距离指标样本均值可以分别计算过程能力指数 $C'_P$、$C'_{PU}$ 和 $C'_{PK}$，可以得出：

$$C'_P = \frac{0.5}{0.2714707 - 0.135281} \approx 2.709242$$

$$C'_{PU} = \frac{0.5 - 0.215569}{0.2714707 - 0.215569} \approx 2.027950$$

$$C'_{PK} = \frac{0.5 - |0.215569 - 0.25|}{0.2714707 - 0.135281} \approx 2.522677$$

与均匀分布假设下计算的结果不同，从上式可以看出，考虑偏差影响的过程能力指数 $C'_{PK}$ 给出比较合理的过程能力估计，而单侧过程能力指数 $C'_{PU}$ 给出的过程能力指数最保守；且三个过程能力指数的值很接近，这从一个侧面表明基于 Beta 分布假设的估计较好。上文已经指出，考虑偏差影响的过程能力指数 $C'_{PK}$ 给出的过程能力指数更具有代表性，因此可以认为，$C'_{PK} = 2.522677$ 的估计值较合理地反映了目前以模糊集距离指标衡量的过程能力（需要指出的是，这一衡量必须是在过程判稳的情况下才具有实际意义，由于数据有限，本章仅以算例的形式给出一个说明）。

# 第三节　本章小结

本章运用文献给出的数据，将之转化为模糊集距离指标数据。在文献研究的基础上，依据该文献，控制图效果受样本模糊程度与转化方法的影响，并提出了结合模糊转化方法、一定的概率分布以及模糊中位数方法等建立的控制图表现较好。

本研究是以模糊集距离指标为模糊转化方法，并基于Beta分布建立的模糊控制图，通过采用文献中的数据，以此进一步深化了对该文献的研究成果。为了使案例分析更加详尽，本章分别基于均匀分布和Beta分布，研究了该样本数据的统计性质，并建立基于该样本数据的模糊集距离指标控制图，计算了相应的过程能力指数，并对比两类概率下的模糊控制图的效果，讨论了所建立的模糊集距离指标控制图的表现。

案例分析结果表明：

第一，基于均匀分布和Beta分布的模糊控制图的表现基本相同，但基于Beta分布的模糊控制图更加精确。

第二，模糊集距离控制图能够对生产过程进行监控，当出现不合格率的变动时，能够报警。

第三，计算的过程能力指数基本符合实际情况。

需要补充的是，本章的样本数据是把产品质量水平分为4个等级，得出相应的模糊集距离区间。若实际生产中的质量水平的要求进一步提高，如加大标准品或者是优等品的比例，按照本章的研究，在一定的不合格品率下，可以通过改变模糊集距离的合格线，通过程序，可以得出相应的 Beta 分布的参数，如同案例分析的演算过程，得到相应的控制图。

　　由于案例的数据限制，模糊控制图的效果不是特别明显，但并不影响对控制图的应用价值的研究。

# 参考文献

[1] ISO 7873: 1993 Control charts for arithmetic average with warning limits, 1993.

[2] Li M - H. C., Chou C. Y., "Target Selection for an Indirectly Measurable Quality Characteristic in Unbalanced Tolerance Design", *The International Journal of Advanced Manufacturing Technology*, 2001, 17 (7): 516 - 522.

[3] Thomas Johnson, "The Relationship of Cpm to Squared Error Loss", *Journal of Quality Technology*, 1992, 24 (4): 211 - 214.

[4] Murat Gülbay, Cengiz Kahraman, Da Ruan, "a - Cut Fuzzy Control Charts for Linguistic Data", *International Journal of Intelligent Systems*, 2004, 19: 1173 - 1195.

[5] W. A. Shewhart, *Economic Control of Quality of Manufactured Product*, Newyork: D. Van Nostr and Co. Inc., 1931. 501 - 505.

[6] Laviolette M. , J. W. Seaman, J. D. Barrett and W. H. Woodall, "A Probabilistic and Statistical View of Fuzzy Methods", *Technometrics*, 1995, 37 (3): 249 – 261.

[7] Bonissone P. , "Fuzzy Logic Control Technology: A Personal Perspective", *Technometrics*, 1995, 37 (3): 262 – 266.

[8] Kandel A. , A. Martins, R. Pacheco, "On the Very Real Distinction between Fuzzy and Statistical Methods", *Technometrics*, 1995, 37 (3): 276 – 281.

[9] Almond R. G. , "Fuzzy Logic: Better Science? Or Better Engineering?", *Technometrics*, 1995, 37 (3): 267 – 270.

[10] Zadeh L. A. , "Probability Theory and Fuzzy Logic Are Complementary Rather Than Competitive", *Technometrics*, 1995, 37 (3): 271 – 276.

[11] Laviolette M. , J. W. Seaman, J. D. Barrett and W. H. Woodall, "A Probabilistic and Statistical View of Fuzzy Methods: Reply", *Technometrics*, 1995, 37 (3): 287 – 292.

[12] Zadeh L. A. , "Fuzzy Sets", *Information and Control*, 1965, 8: 338353.

[13] E. S. Page, "Continuous Inspection Schemes", *Biometrika*, 1954, 41: 100 – 114.

[14] Hunter J. S. , "The exponentially weighted moving averages", *Journal of Quality Technology*, 1986, 18: 203 – 210.

[15] C. P. Quesenberry, "SPC Q charts for start – up processes and short or long runs", *Journal of Quality Technology*,

1991a, 23: 213 - 214.

[16] C. P. Quesenberry, " SPC Q charts for a binomial parameter: short or long runs", *Journal of Quality Technology*, 1991b, 23: 239 - 246.

[17] C. P. Quesenberry, "SPC Q charts for a Poisson parameter: short or long runs", *Journal of Quality Technology*, 1991c, 23: 296 ~303.

[18] ISO 7966: 1993 Acceptance control charts, 1993.

[19] Juran J. M. , *Juran's Quality Control Handbook*, New York: McGraw - Hill N. Y. , 1974.

[20] Kane V. E. , " Process Capability Indices", *Journal of Quality Technology*, 1986, 18 (1): 41 - 52.

[21] Hsiang T. C. and Taguchi G. , Tutorial on Quality Control and Assurance—the Taguchi Methods, Joint Meetings of the American Statistical Association, Las Vegas, Nevada, 1985.

[22] Choi B. C. and Owen D. B. , "A Study of a New Process Capability Index", *Communications in Statistics—Theory and Methods*, 1990, 19: 1231 ~ 1245.

[23] Pearn W. L. , Kotz S. and Johnson N. L. , "Distributional and Inferential Properties of Process Capability Indices", *Journal of Quality Technology*, 1992, 24 (4): 216 ~231.

[24] Marcucci M. , " Monitoring Multinomial Processes", *Journal of Quality Technology*, 1985, 17, 86 - 91.

[25] Raz T. and J. - H. Wang, Applying Fuzzy Set Theory in the development of Quality Control Charts, International Industrial Engineering Conference Proceedings, 30 - 36.

[26] Wang J. – H. and T. Raz, "On the construction of control charts using linguistic variables", *International Journal of Production Research*, 1990, 28, 477 ~ 487.

[27] Raz T. and J. – H. Wang, "Probabilistic and membership approaches in the construction of control charts for linguistic data", *Production Plannning and Control*, 1990, 1: 147 – 157.

[28] Kanagawa A. , F. Tamaki, H. Ohta, Fuzzy control charts for linguistic data, IFES' 91, 1991, 644 – 654.

[29] Kanagawa A. , F. Tamaki, H. Ohta, "Control charts for process average and variability based on linguistic data", *International Journal of Production Research*, 1993, 31: 913 – 922.

[30] Woodall W. H. , Tsui K. L. and Tucker G. R. , "A Review of Statistical and Fuzzy Control Charts based on Categorical Data", *Frontiers in Statistical Quality Control*, 1997, 5, 83 – 89.

[31] Taleb H. and Limam M. , "On Fuzzy and Probabilistic Control Charts", *International Journal of Production Research*, 2002, 40 (12): 2849 – 2863.

[32] Grzegorzewski P. , Control charts for fuzzy data, Proc. Fifth European Congress on Intelligent Techniques and Soft Computing EUFIT' 97, Aachen, 1997, 1326 – 1330.

[33] Grzegorzewski P. and O. Hryniewicz, "Soft methods in statistical quality control", *Control and Cybernet*, 2000, 29: 119 – 140.

[34] Dubois D. and H. Prade, "Ranking fuzzy numbers in the

setting of possibility theory", *Information Science*, 1983, 30: 183 – 224.

[35] Cheng C. , "Fuzzy process control: construction of control charts with fuzzy numbers", *Fuzzy Sets and Systems*, 2005, 154: 287 – 303.

[36] Franceschini F. and D. Romano, "Control chart for linguistic variables: a method based on the use of linguistic quantifiers", *Journal of Production*, 1999, 37 (16), 3791 – 3801.

[37] Yager R. R. , "A new methodology for ordinal multiobjective decisions based on fuzzy sets", *Decisions Sciences*, 1981, 12, 589 – 600.

[38] YagerR. R. , "On ordered weighted averaging aggregation operators in multi – criteria decision making", *IEEE Transactions on Systems*, Man and Cybernetics, 1988, 18, 183 – 190.

[39] Yager R. R. , "Applications and extensions of OWA aggregations", *International Journal of Man Machines Studies*, 1992, 37, 103 – 132.

[40] YagerR. R. , "Non – numeric multi – criteria multi – person decision making", *Group Decision and Negotiation*, 1993, 2, 81 – 93.

[41] Yu, F. –J. , C. –Y. Low and S. –S. Cheng, "Design for an SPRT Control Scheme based on Linguistic Data", *International Journal of Production Research*, 2003, 41 (6): 1299 – 1309.

[42] Gülbay, M. , and C. Kahramana, "Development of fuzzy

process control charts and fuzzy unnatural pattern analyses",
*Computational Statistics & Data Analysis*, 2006, 51: 434 –
451.

[43] Gülbay M., and C. Kahramana, "An alternative
approach to fuzzy control charts: Direct fuzzy approach",
*Information Sciences*, 2007, 177: 1463 – 1480.

[44] Hoppner J. and Wolff H., The design of a fuzzy –
Shewhart control chart. Technical report of the Wurzburg
Research Group on Quality Control, 1995, No. 52.

[45] Chang S. I. and Aw C. A., "A neural fuzzycontrol chart
for detecting and classifying process mean shifts",
*International Journal of Production Research*, 1996, 34: 2265 –
2278.

[46] Wang L. R. and Rowlands H., "An approach of
fuzzylogic evaluation and control in SPC", *Quality and
Reliability Engineering International*, 2000, 16 (2): 91 –
98.

[47] Latva – Kayra K., "TMP pulp quality observer",
*Measurement*, 2001, 29 (2), 147 – 156.

[48] Tannock J. D. T., "A fuzzy control charting method for
individuals", *International Journal of Production Research*,
2003, 41 (5): 1017 – 1032.

[49] Zarandi M. H. F., A. Alaeddini and I. B. Turksen, "A
hybrid fuzzy adaptive sampling – Run rules for Shewhart
control charts", *Information Sciences*, 2008, 178: 1152 ~
1170.

[50] Senturk S. and N. Erginel, "Development of Fuzzy $P$ ($\tilde{\mu} \leqslant$

$c$, $\tilde{\sigma} \leqslant d$) $- P$ ($\tilde{\mu} \leqslant c$, $\tilde{\sigma} \leqslant d$) and $P$ ($\tilde{\mu} \leqslant c$, $\tilde{\sigma} \leqslant d$) $- P$ ($\tilde{\mu} \leqslant c$, $\tilde{\sigma} \leqslant d$) Control Charts Using a – Cuts", *Information Sciences*, 2009, 179: 1542 ~ 1551.

[51] Jay L. Devore：《概率与统计（理工类英文版）》，机械工业出版社，2005。

[52] Chiang C. L. , "On the Expectation of the Reciprocal of a Random Variable", *The American Statistician*, 1966, 20 (4): 28.

[53] Murthy V. N. and Pillai C. S. , "A Note on the Expectation of the Reciprocal and Square Root of a Random Variable", *The American Statistician*, 1966, 20 (5): 30.

[54] Gurland J. , "An Inequality Satisfied by the Expectation of the Reciprocal of a Random Variable", *The American Statistician*, 1967, 21 (2): 24 – 25.

[55] Gnanadesikan R. , Pinkham R. S. and Laura P. H. , "Maximum Likelihood Estimation of the Parameters of the Beta Distribution from Smallest Order Statistics", *Technometrics*, 1967, 9 (4), 607 – 620.

[56] Fang K. T. , Yuan K. H. , "A unified approach to maximum likelihood estimation", *Chinese Journal of Applied Probability and Statistics*, 1990, 6: 412 – 418.

[57] Lee M. K. , Kim S. B. , Kwon H. M. , "Economic selection of mean value for a filling process under quadratic quality loss", *International Journal of Reliability*, Quality and Safety Engineering, 2004, 11 (1): 81 – 90.

[58] Chen C. H. , Chou C Y and Huang K. W. , "Determining

the Optimum Process Mean Under Quality Loss Function", *The International Journal of Advanced Manufacturing Technology*, 2002, 20 (8): 598 – 602.

[59] Clements J. A., "Process Capability Calculations for Non-Normal Distributions", *Quality Progress*, 1989, 22 (9): 95 – 100.

[60] Kaufmann A., *Introduction to Fuzzy Subsets*, New York: Academic Press, 1975.

[61] Kaufmann A. and Gupta M. M., "Introduction of Fuzzy Arithmetic Theory and Applications", New York: Van Nostrand Reinhold.

[62] A. V. 费根堡姆:《全面质量管理》, 杨文士、廖永平等译, 机械工业出版社, 1991。

[63] E. L. 格兰特、R. S. 利文沃斯:《统计质量管理》, 胡良欢等译, 机械工业出版社, 1989。

[64] L. M. 朱兰:《朱兰质量手册》, 焦叔斌等译, 中国人民大学出版社, 2003。

[65] 于涛:《工序质量控制系统研究》, 经济管理出版社, 2002。

[66] 王毓芳、肖诗唐:《统计过程控制的策划与实施》, 中国经济出版社, 2005。

[67] 区奕勤、张先迪编著《模糊数学原理与应用》, 成都电讯工程学院出版社, 1989。

[68] 中华人民共和国国家标准 GB/T 4091 – 2001,《常规控制图》, 中国标准出版社, 2001。

[69] 全国质量专业人员职业资格考试办公室:《质量专业理论与实务(中级)》, 中国人事出版社, 2010。

[70] 孙静:《接近零不合格过程的有效控制——实现六西格玛质量的途径》, 清华大学出版社, 2005。

[71] 孙静、张公绪:《常规控制图标准及其应用》, 中国标准出版社, 2000。

[72] 许金钊、席宏卓:《产品质量控制》, 机械工业出版社, 1997。

[73] 刘普寅、吴孟达:《模糊理论及其应用》, 国防科技大学出版社, 1998。

[74] 岑詠霆:《模糊质量管理学》, 贵州科技出版社, 1994。

[75] 张根保:《现代质量工程》(第二版), 机械工业出版社, 2008。

[76] 汤兵勇、路林吉、王文杰:《模糊控制理论与应用技术》, 清华大学出版社, 2002。

[77] 汪培庄、韩立岩:《应用模糊数学》, 北京经济学院出版社, 1989。

[78] 林景凡、王世刚:《互换性与质量控制基础》, 哈尔滨工程大学出版社, 2004。

[79] 庞国星:《材料加工质量控制》, 机械工业出版社, 2011。

[80] 杨伦标、高英仪编著《模糊数学: 原理与应用》, 南理工大学出版社, 1993。

[81] 侯世旺:《基于模糊理论的制造过程质量控制》, 电子工业出版社, 2011。

[82] 钟伦燕、韩俊、刘红:《统计过程控制 (SPC) 技术原理和应用》, 电子工业出版社, 2001。

[83] 梁国明:《制造业过程控制与检验常用统计方法读

本》，中国标准化出版社，2006。

[84] 窦振中编著《模糊逻辑控制技术及其应用》，北京航空航天大学出版社，1995。

[85] 王岩：《Monte Carlo 方法应用研究》，《云南大学学报》（自然科学版）2006 年第 1 期。

[86] 刘媚、冯变英：《Beta 分布参数的区间划分》，《延安教育学院学报》2007 年第 2 期。

[87] 伊丽莉：《模糊集的区分度与应用研究》，《科技和产业》2010 年第 1 期。

[88] 闫喜霜、何卫东、孙克明：《模糊数学法与微机联用在食品感官检验中的应用》，《食品科学》1995 年第 2 期。

[89] 孙棣华、刘飞、但斌：《扩展质量损失函数模型的研究》，《机械工程学报》1998 年第 2 期。

[90] 刘法贵、赵娟：《模糊模糊集距离及应用》，《华北水利水电学院学报》2006 年第 3 期。

[91] 肖光灿：《模糊熵、模糊集距离和距离测度及其内在联系》，《西南科技大学学报》2008 年第 12 期。

[92] 李筠：《利用 Beta 分布进行数据处理》，《仪器仪表学报》2004 年第 4 期。

[93] 张梨：《X 控制图和 EWMA 控制图的灵敏性分析》，《辽宁工程技术大学学报》2005 年第 4 期。

[94] 张公绪：《允许有异常因素的一类新型控制图——选控控制图》，《电子学报》1980 年第 2 期。

[95] 张公绪：《多因素控制图》，《电子学报》1982 年第 3 期。

[96] 张润楚、王兆军：《均匀设计抽样及其优良性质》，

《应用概率统计》1996 年第 12 期。

[97] 张亚静：《Beta 分布参数的极大似然估计》，《山西大学学报》（自然科学版）1998 年第 2 期。

[98] 杜福洲、唐晓青、孙静：《MEWMA 控制图 ARL 计算机参数优化》，《北京航空航天大学学报》2006 年第 8 期。

[99] 陈志强：《模糊控制图及其应用》，《北京科技大学学报》1996 年第 18 期。

[100] 陈志强：《模糊质量控制与诊断》，北京航空航天大学博士学位论文，1996。

[101] 陈湘来、顾玉萍、顾欣春：《基于非对称损失函数的过程均值与标准差优化设计》，《数理统计与管理》2011 年第 1 期。

[102] 杨穆尔、孙静：《二元自相关过程的残差 T2 控制图》，《清华大学学报》（自然科学版）2006 年第 3 期。

[103] 侯世旺、同淑荣：《基于模糊数的模糊过程质量控制图研究》，《郑州大学学报》（工学版）2008 年第 1 期。

[104] 祝伟、李元生：《非对称偏差下质量特性值分布的评价》，《北京航空航天大学学报》2006 年第 9 期。

[105] 殷建军、项祖平、叶力：《多元混合分布的 EWMA 控制图的平均链长》，《浙江工业大学学报》2006 年第 1 期。

[106] 常广庶、杨剑锋：《几种典型过程能力指数的比较》，《管理技术》2006 年第 10 期。

[107] 晏孝皋：《试析"模糊数学法与微机联用在食品感官

检验中的应用"》,《四川轻化工学院学报》1999 年第
3 期。

[108] 郭胜杰、姚卫星:《基于 Beta 分布形状的拟合优度检
验》,《应用数学学报》2007 年第 3 期。

[109] 郭惠昕:《产品质量的模糊稳健性研究及模糊稳健优
化设计方法》,《中国机械工程》2002 年第 3 期。

[110] 曹衍龙、杨将新、吴昭同、应义斌、王移风:《模糊
质量损失模型的建立与应用》,《农业机械学报》2004
年第 4 期。

# 附录一　运用 Matlab 计算程序

```
t = zeros（1，901）；
for n = 300 : 1200
    m = zeros（1，100）;% storing mean values of beta
distr. random number
    s = zeros（1，100）;% storing variance values of beta
distr. random number
    a1 = 0; % storing mean values of calculation（m -
m^2）/s
    a2 = 0; % storing mean values of calculation（m -
m^2）
    a3 = 0; % storing mean values of calculation 1/s
    for j = 1 : 100
        r = random（beta´，2，10，1，n）；
        m（j）= mean（r）；
        for i = 1 : n
            s（j）= s（j）+（r（i）- m（j））^2/
（n - 1）；
```

```
        end
    end
    a1 = mean ( ( m – m. ^2) ./s) ;
    a2 = mean ( m – m. ^2) ;
    l = ones ( 1, 100) ;
    a3 = mean ( l. /s) ;
    t ( n – 299) = a1 – a2 * a3 – 1/n;
end
x = 300: 1200;
plot ( x, t)
```

# 附录二 参数 a 和 b 的矩估计

```
nn = 10000；
a = zeros（nn，1）；
b = zeros（nn，1）；
for i = 1：nn
    n = 5000；
    beta = random（'beta'，1.5，11，n，1）；% 生 成
beta（1.5，11）的随机数，参数 a = 1.5，参数 b = 11
    m = mean（beta）；
    v = var（beta）；
    a（i）= m * （m - m^2 - v）/v；% 参数 a 的矩估计
    b（i）=（1 - m）* （m - m^2 - v）/v；% 参数 b
的矩估计
end
hist（a，30）；
hist（b，30）；
min（a）
mean（a）
```

median （a）

max （a）

std （a）

skewness （a）

kurtosis （a）

a = sort （a）

（a（13）+a（14））/2

（a（9986）+a（9987））/2

min （b）

mean （b）

median （b）

max （b）

std （b）

skewness （b）

kurtosis （b）

b = sort （b）

（b（13）+b（14））/2

（b（9986）+b（9987））/2

# 附录三　参数 a 和 b 的基于顺序统计量的极大似然估计

```
nn = 10000;
a = zeros (nn, 1);
b = zeros (nn, 1);
for i = 1: nn
    n = 20;
    beta = random ('beta', 1.5, 11, n, 1);% 生成
beta (1.5, 11) 的随机数, 参数 a = 1.5, 参数 b = 11
    m = mean (beta);
    v = var (beta);
    a0 = m * (m - m^2 - v) /v;% 参数 a 的矩估计
    b0 = (1 - m) * (m - m^2 - v) /v;% 参数 b 的矩
估计
    % MLE
    beta = sort (beta);% 对随机数从小至大进行排序

    g1 = 1;
    g2 = 1;
```

```
for j = 1: n
    g1 = g1 * beta (j) ^ (1/n);% 计算 G1 的值
    g2 = g2 * (1 - beta (j)) ^ (1/n);% 计算 G1
的值
end
f1 = 0;
f2 = 0;
f3 = 0;
f4 = 0;
f5 = 0;
f6 = 0;
a (i) = a0;% 存储参数 a 的估计值
b (i) = b0;% 存储参数 b 的估计值
while abs (log (g1) - f1) > 10 ^ ( - 7) &
abs (log (g2) - f2) > 10^ ( -7)
    [f1, f2] = fun (a (i), b (i));
        [f3, f4] = fun (a (i) + 0.001,
b (i));
            [f5, f6] = fun (a (i), b (i) +
0.001);
        minus = zeros (2, 1);
        minus = inv ( [ (f3 - f1) /0.001, (f5 -
f1) /0.001; (f4 - f2) /0.001, (f6 - f2) /0.001]) *
[log (g1) - f1; log (g2) - f2];
        a (i) = a (i) + minus (1);
        b (i) = b (i) + minus (2);
        [f1, f2] = fun (a (i), b (i));
```

```
        end
        while abs ( log ( g1 ) - f1 ) > 10 ^ ( - 7 ) |
abs ( log ( g2 ) - f2 ) > 10^ ( - 7 )
            if abs ( log ( g1 ) - f1 ) < = 10^ ( - 7 )
                a ( i ) = a ( i ) * log ( g2 ) /f2 ;
                b ( i ) = b ( i ) * log ( g2 ) /f2 ;
            end
            if abs ( log ( g2 ) - f2 ) < = 10^ ( - 7 )
                a ( i ) = a ( i ) * log ( g1 ) /f1 ;
                b ( i ) = b ( i ) * log ( g1 ) /f1 ;
            end
            [ f1 , f2 ] = fun ( a ( i ), b ( i ) );
        end
    end
    hist ( a, 30 );
    hist ( b, 30 );

    min ( a )
    mean ( a )
    median ( a )
    max ( a )
    std ( a )
    skewness ( a )
    kurtosis ( a )
    a = sort ( a )
    ( a ( 13 ) + a ( 14 ) ) /2
    ( a ( 9986 ) + a ( 9987 ) ) /2
```

min （b）

mean （b）

median （b）

max （b）

std （b）

skewness （b）

kurtosis （b）

b = sort （b）

（b （13） + b （14）） /2

（b （9986） + b （9987）） /2


```
function [f1, f2] = fun (a, b)
% 计算 F1 (a, b) 和 F2 (a, b)
temp1 = 0;% 存储 Fi (a)
temp2 = 0;% 存储 Fi (b)
temp3 = 0;% 存储 Fi (a + b)
if a < 11
    temp = 0;
    for j = fix (a): 10
        temp = temp + 1/ (j + a - fix (a));
    end
    temp1 = 0.5 * log (10 + a - fix (a)) + 0.5 * log
(11 + a - fix (a)) + 1/6/ (10 + a - fix (a)) / (11 + a -
fix (a)) - temp;
else
    temp1 = 0.5 * log (a * (a - 1)) + 1/ (6 * a * (a - 1));
end
```

```
if b < 11
    temp = 0;
    for j = fix (b): 10;
        temp = temp + 1/ (j + b - fix (b));
    end
    temp2 = 0. 5 * log (10 + b - fix (b)) + 0. 5 * log
(11 + b - fix (b)) + 1/6/ (10 + b - fix (b)) / (11 + b -
fix (b)) - temp;
    else
        temp2 = 0. 5 * log (b * (b - 1)) + 1/ (6 * b * (b - 1));
    end
    if a + b < 11
        temp = 0;
        for j = fix (a + b): 10;
            temp = temp + 1/ (j + a + b - fix (a + b));
        end
        temp3 = 0. 5 * log (10 + a + b - fix (a + b)) + 0. 5 * log
(11 + a + b - fix (a + b)) + 1/6/ (10 + a + b - fix (a + b)) /
(11 + a + b - fix (a + b)) - temp;
    else
        temp3 = 0. 5 * log ( (a + b) * (a + b - 1)) + 1/
(6 * (a + b) * (a + b - 1));
    end
    f1 = temp1 - temp3;
    f2 = temp2 - temp3;
```

# 附录四 参数 a 和 b 的基于均匀设计抽样的极大似然估计

```
n = 987;
m = 17;
beta = random ('beta', 1.5, 11, n, 1);% 生成
beta (1.5, 11)的随机数, 参数 a = 1.5, 参数 b = 11
m = mean (beta);
v = var (beta);
a0 = m * (m - m^2 - v) /v;% 参数 a 的矩估计
b0 = (1 - m) * (m - m^2 - v) /v;% 参数 b 的矩估计
% MLE
c1 = 3;
c2 = 22;
al = a0 - c1/2;
au = a0 + c1/2;
bl = b0 - c2/2;
bu = b0 + c2/2;
```

```
mlnl0 = 0 ;
mlnl1 = 1 ;
number = 0 ;
outcome1 = 0 ;
ouecome2 = 0 ;
while abs ( mlnl1 - mlnl0 )  > 0. 000001
        mlnl0 = mlnl1 ;
    if al < 0
        al = 0
    end
    if bl < 0
        bl = 0
    end

    % 生成 [ 0, 1 ] ^2 上的均匀设计抽样样本
    x1 = zeros ( n, 1 );% 存储均匀设计抽样样本 x1
    x2 = zeros ( n, 1 );% 存储均匀设计抽样样本 x2
    r = rand ( [2 * n, 1 ] );%产生 2n 个均匀分布随
机数
    for i = 1 : n
        temp = zeros ( 2, 1 );
        temp = rand ( [2, 1] );
        r1 = fix ( temp ( 1 ) * n );% 生成多项分布
( 0, 1/n; 1, 1/n; —; n - 1, 1/n ) 的随机数 r1, r2
        r2 = fix ( temp ( 2 ) * n );
        x1 ( i )  = mod ( i + r1, n );
        if x1 ( i )  > 0
```

```
        x1 (i) = (x1 (i) - r (i)) /n;
    else
        x1 (i) = (n - r (i)) /n;
    end
    x2 (i) = mod (i * 610 + r2, n);
    if x2 (i) > 0
        x2 (i) = (x2 (i) - r (n + i)) /n;
    else
        x2 (i) = (n - r (n + i)) /n;
    end
end
```

% 生成 [0, 1] ^2 上的均匀设计抽样样本

x1 = al + (au - al) * x1;% 生成 [al, au] 上的均匀设计抽样样本

x2 = bl + (bu - bl) * x2;% 生成 [bl, bu] 上的均匀设计抽样样本

```
h = [0.23692689; 0.47862867; 0.56888889;
0.47862867; 0.23692689];
u = [-0.90617985; -0.53846931; 0;
0.53846931; 0.90617985];
lnl = zeros (n, 1);
for i = 1: n
    c = 0;
    for j = 1: 5
        c = c + h (j) * ((u (j) + 1) /2) ^
```

```
(x1 (i) -1) * ( (1-u (j)) /2) ^ (x2 (i) -1);
            end
        lnl (i) = -n * log (c) + (x1 (i) -1) *
sum (log (beta)) + (x2 (i) - 1) * sum (log (1 -
beta)));
        end
    mlnl1 = max (lnl);
    for i = 1: n
        if lnl (i) = = max (lnl)
            c1 = c1/2;
            c2 = c2/2;
            if al < x1 (i) - c1/2
                al = x1 (i) - c1/2;
            end
            if au > x1 (i) + c1/2
                au = x1 (i) + c1/2;
            end
            if bl < x2 (i) - c2/2
                bl = x2 (i) - c2/2;
            end
            if bu > x2 (i) + c2/2
                bu = x2 (i) + c2/2;
            end
            outcome1 = x1 (i)
            outcome2 = x2 (i)
        end
    end
```

```
    end
% MLE
outcome1
outcome2
```

# 附录五  产品质量最优化下的
## 参数 a 和 b 的数值解

n = zeros（1000，1）；% 存储与产品合格率设定值足够接近的值

m = zeros（1000，1）；% 存储对应的产品质量价值的期望值

a = zeros（1000，1）；% 存储对应的 Beta 分布的参数 $a$ 的值

b = zeros（1000，1）；% 存储对应的 Beta 分布的参数 $b$ 的值

mm = 0；% 存储产品质量最优化下的产品质量价值期望值的最大值

nn = 0；% 存储产品质量最优化下的产品合格率值

aa = 0；% 存储产品质量最优化下的 Beta 分布的参数 $a$ 的值

bb = 0；% 存储产品质量最优化下的 Beta 分布的参数 $b$ 的值

r = 1；

```
f1 = 0;
f2 = 0;
sup = 0. 60; % 设定的模糊集距离指标的最大值
alpha = 0. 975; % 设定的合格品率约束
for i = 1: 0. 01: 20
    for j = 1: 0. 01: 200
        f1 = betainc (sup, i, j); % 当参数 a 和 b 取不
同值时计算得到的产品合格率值
        if abs (f1 - alpha) < 10^ ( - 5)
            f2 = betainc (sup, i + 2, j) * (i + 1) *
i/ (i + j + 1) / (i + j) /sup^2;
            m (r) = f1 - f2; % 当参数 a 和 b 取不同值
时计算得到的产品质量价值的期望值
            n (r) = f1;
            a (r) = i;
            b (r) = j;
            r = r + 1;
        end
    end
end

mm = max (m);
for r = 1: 1000
    if m (r) = = mm
        aa = a (r);
        bb = b (r);
        nn = n (r);
```

```
        end
    end
    mm
    nn
    aa
    bb
```

# 附录六 基于扩展模型的产品质量最优化下的参数 a 和 b 的数值解

n = zeros （1000，1）；% 存储与产品合格率设定值足够接近的值

m = zeros （1000，1）；% 存储对应的产品质量价值的期望值

a = zeros （1000，1）；% 存储对应的 Beta 分布的参数 $a$ 的值

b = zeros （1000，1）；% 存储对应的 Beta 分布的参数 $b$ 的值

mm = 0；% 存储产品质量最优化下的产品质量价值期望值的最大值

nn = 0；% 存储产品质量最优化下的产品合格率值

aa = 0；% 存储产品质量最优化下的 Beta 分布的参数 $a$ 的值

bb = 0；% 存储产品质量最优化下的 Beta 分布的参数 $b$ 的值

```
r = 1 ;
f1 = 0 ;
f2 = 0 ;
sup = 0.60 ; % 设定的模糊集距离指标的最大值
alpha = 0.975 ; % 设定的合格品率约束
beta1 = 0.1 ; % 权重值
for i = 1 : 0.01 : 20
    for j = 1 : 0.01 : 200
        f1 = betainc (sup, i, j) ; % 当参数 a 和 b 取不
同值时计算得到的产品合格率值
        if abs (f1 - alpha) < 10^ (-5)
f2 = 2/sup^2 * ((2 * beta1 - 1) * (betainc (sup, i+1,
j))^2 * i^2/ (i+j)^2 + (1 - beta1) * betainc (sup, i+2,
j) * i * (i+1) / (i+j) / (i+j+1)) ;
            m (r) = f1 - f2 ; % 当参数 a 和 b 取不同值
时计算得到的产品质量价值的期望值
            n (r) = f1 ;
            a (r) = i ;
            b (r) = j ;
            r = r + 1 ;
        end
    end
end


mm = max (m) ;
for r = 1 : 1000
    if m (r) = = mm
```

```
        aa = a（r）;
        bb = b（r）;
        nn = n（r）;
    end
end
mm
nn
aa
bb
```

# 附录七　$P\ (\tilde{\mu} \leqslant c,\ \tilde{\sigma} \leqslant d)$、 $P\ (\tilde{\mu} \leqslant c)$ 和 $P\ (\tilde{\sigma} \leqslant d)$ 的取值计算程序

```
p1 = zeros (7, 8); %存储 P (μ̃≤c, σ̃≤d) 的计算值;
p2 = zeros (7, 1); %存储 P (μ̃≤c) 的计算值;
p3 = zeros (8, 1); %存储 P (σ̃≤d) 的计算值;
for r = 1: 7
    mu0 = r/100 + 0. 08;
    for k = 1: 8
        sigma0 = k/100 + 0. 05;
        for i = 1: 10000
            if mu (i) < = mu0 & sigma (i) < =
sigma0 % mu 和 sigma 为依极大似然估计法得出分布均值和
标准差的估计量;
                p1 (r, k) = p1 (r, k) + 0. 0001;
            end
        end
    end
```

```
end
for r = 1 : 7
    mu0 = r/100 + 0. 08 ;
    for i = 1 : 10000
        if mu (i) < = mu0
            p2 (r) = p2 (r) + 0. 0001 ;
        end
    end
end
for k = 1 : 8
    sigma0 = k/100 + 0. 05 ;
    for i = 1 : 10000
        if sigma (i) < = sigma0
            p3 (k) = p3 (k) + 0. 0001 ;
        end
    end
end
```

# 附录八  平均链长的计算程序

```
n2 = ones （1000, 1）;
n3 = ones （1000, 1）;
aa0 = 1.5;% 真实参数 a;
bb0 = 11; % 真实参数 b;
mu0 = aa0/ （aa0 + bb0）;
sigma0 = （aa0 * bb0） ^0.5/ （aa0 + bb0） / （aa0 + bb0 +
1） ^0.5;
delta = - 1.5;
mu = mu0 + delta * （0.157580534510487 -
0.086243101572217）;
aa = mu * （mu - mu^2 - sigma0^2） /sigma0^2;
bb = （1 - mu） * （mu - mu^2 - sigma0^2） /sigma0^2;
n = 50; % 子组样本量
for i = 1: 1000
    n1 = 0;
```

```
k = 10000;
delta = 0;
m1 = zeros（k，1）;
m2 = zeros（k，1）;
while n1 < k
        ［mu，v］ = ［a，b］ = mleos（aa，bb，
n）;% 运用样本估计得出的极大似然估计量值 a 和 b;
        n1 = n1 + 1;
        m1（n1） = a. * （a + b）.^（ - 1）;% 均
值的估计值;
        m2（n1） = （a. * b）.^（0.5） * （a +
b）.^（ - 1） * （a + b + 1）.^（ - 0.5）;% 标准差的估计
值;
    end
    while m1（n2（i）） < 0.157580534510487 &
m1（n2（i）） > 0.086243101572217
        n2（i） = n2（i） + 1;% 计算 u 图的链长;
    end
    while m2（n3（i）） < 0.125621903904108 &
m2（n3（i）） > 0.056401993569233
        n3（i） = n3（i） + 1;% 计算 sigma 图的链
长;
    end
end
e = mean（n2）% 计算 u 图的平均链长 ARL;
f = mean（n3）% 计算 sigma 图的平均链长 ARL;
```

```
function [a, b] = mleos (aa, bb, n)    % 函数，运用
```
样本估计得出的极大似然估计量值 a 和 b

```
    beta = random ('beta', aa, bb, n, 1);% 生成
```
beta (aa, bb) 的随机数

```
m = mean (beta);

v = var (beta);

a0 = m * (m - m^2 - v) /v;  参数 a 的矩估计

b0 = (1 - m) * (m - m^2 - v) /v;% 参数 b 的矩
```
估计

```
% MLE

beta = sort (beta);% 对随机数从小到大进行排序


g1 = 1;

g2 = 1;

for j = 1: n

    g1 = g1 * beta (j) ^ (1/n);% 计算 G1 的值

    g2 = g2 * (1 - beta (j)) ^ (1/n);% 计算 G2
```
的值

```
end

f1 = 0;

f2 = 0;

f3 = 0;

f4 = 0;

f5 = 0;

f6 = 0;

a = a0;% 存储参数 a 的估计值

b = b0;% 存储参数 a 的估计值
```

```
        while abs (log (g1) - f1) > 10^ ( -7) &
abs (log (g2) - f2) > 10^ ( -7)
            [f1, f2] = fun (a, b);
            [f3, f4] = fun (a+0.001, b);
            [f5, f6] = fun (a, b+0.001);
            minus = zeros (2, 1);
            minus = inv ( [ (f3-f1) /0.001, (f5-
f1) /0.001; (f4-f2) /0.001, (f6-f2) /0.001]) *
[log (g1) -f1; log (g2) -f2];
            a = a + minus (1);
            b = b + minus (2);
            [f1, f2] = fun (a, b);
        end
        while abs (log (g1) -f1) > 10^ ( -7) |
abs (log (g2) -f2) > 10^ ( -7)
            if abs (log (g1) -f1) < =10^ ( -7)
                a = a * log (g2) /f2;
                b = b * log (g2) /f2;
            end
            if abs (log (g2) -f2) < =10^ ( -7)
                a = a * log (g1) /f1;
                b = b * log (g1) /f1;
            end
            [f1, f2] = fun (a, b);
        end
```

# 附录九 统计量 $\hat{\xi}_{0.99865}$、 $\hat{C}'_P$、$\hat{C}'_{PU}$ 和 $\hat{C}'_{PK}$ 的频数直方图生成程序

```
nn = 10000;
a = 1.5;
b = 11;
xi91 = zeros (nn, 1);
xi51 = zeros (nn, 1);
xi11 = zeros (nn, 1);
cp1 = zeros (nn, 1);
cpu1 = zeros (nn, 1);
cpk1 = zeros (nn, 1);
n1 = 20;
for i = 1: nn
    [mu, v] = moment (a, b, n1);
    aa = mu * (mu - mu^2 - v) /v;
    bb = (1 - mu) * (mu - mu^2 - v) /v;
    xi91 (i) = betainv (0.99865, aa, bb);
```

```
        xi51 (i) = betainv (0. 5, aa, bb);
        xi11 (i) = betainv (0. 00135, aa, bb);
        cp1 (i) = 0. 5/ ( xi91 (i) – xi11 (i));
        cpu1 (i) = (0. 5 – xi51 (i)) /
( xi91 (i) – xi51 (i));
        cpk1 (i) = (0. 5 – abs (0. 25 – xi51 (i))) /
(xi91 (i) – xi11 (i));
    end
    xi92 = zeros (nn, 1);
    xi52 = zeros (nn, 1);
    xi12 = zeros (nn, 1);
    cp2 = zeros (nn, 1);
    cpu2 = zeros (nn, 1);
    cpk2 = zeros (nn, 1);
    n2 = 50;
    for i = 1: nn
        [mu, v] = moment (a, b, n2);
        aa = mu * (mu – mu^2 – v) /v;
        bb = (1 – mu) * (mu – mu^2 – v) /v;
        xi92 (i) = betainv (0. 99865, aa, bb);
        xi52 (i) = betainv (0. 5, aa, bb);
        xi12 (i) = betainv (0. 00135, aa, bb);
        cp2 (i) = 0. 5/ ( xi92 (i) – xi12 (i));
        cpu2 (i) = (0. 5 – xi52 (i)) / ( xi92 (i) –
xi52 (i));
        cpk2 (i) = (0. 5 – abs (0. 25 – xi52 (i))) /
( xi92 (i) – xi12 (i));
```

```
    end
    xi93 = zeros（nn，1）；
    xi53 = zeros（nn，1）；
    xi13 = zeros（nn，1）；
    cp3 = zeros（nn，1）；
    cpu3 = zeros（nn，1）；
    cpk3 = zeros（nn，1）；
    n3 = 100；
    for i = 1：nn
        [mu，v] = moment（a，b，n3）；
        aa = mu * （mu – mu^2 – v）/v；
        bb = （1 – mu） * （mu – mu^2 – v）/v；
        xi93（i） = betainv（0.99865，aa，bb）；
        xi53（i） = betainv（0.5，aa，bb）；
        xi13（i） = betainv（0.00135，aa，bb）；
        cp3（i） = 0.5/（xi93（i） – xi13（i））；
        cpu3（i） = （0.5 – xi53（i））/（xi93（i） –
xi53（i））；
        cpk3（i） = （0.5 – abs（0.25 – xi53（i）））/
（xi93（i） – xi13（i））；
    end
    xi94 = zeros（nn，1）；
    xi54 = zeros（nn，1）；
    xi14 = zeros（nn，1）；
    cp4 = zeros（nn，1）；
    cpu4 = zeros（nn，1）；
    cpk4 = zeros（nn，1）；
```

```
n4 = 1000;
for i = 1 : nn
    [mu, v] = moment (a, b, n4);
    aa = mu * (mu - mu^2 - v) /v;
    bb = (1 - mu) * (mu - mu^2 - v) /v;
    xi94 (i) = betainv (0.99865, aa, bb);
    xi54 (i) = betainv (0.5, aa, bb);
    xi14 (i) = betainv (0.00135, aa, bb);
    cp4 (i) = 0.5/ (xi94 (i) - xi14 (i));
    cpu4 (i) = (0.5 - xi54 (i)) / (xi94 (i) -
xi54 (i));
    cpk4 (i) = (0.5 - abs (0.25 - xi54 (i))) /
(xi94 (i) - xi14 (i));
end
subplot (2, 2, 1);
hist (xi91, 30);
subplot (2, 2, 2);
hist (xi92, 30);
subplot (2, 2, 3);
hist (xi93, 30);
subplot (2, 2, 4);
hist (xi94, 30);

subplot (2, 2, 1);
hist (cp1, 30);
subplot (2, 2, 2);
hist (cp2, 30);
```

```
subplot (2, 2, 3);
hist (cp3, 30);
subplot (2, 2, 4);
hist (cp4, 30);

subplot (2, 2, 1);
hist (cpu1, 30);
subplot (2, 2, 2);
hist (cpu2, 30);
subplot (2, 2, 3);
hist (cpu3, 30);
subplot (2, 2, 4);
hist (cpu4, 30);

subplot (2, 2, 1);
hist (cpk1, 30);
subplot (2, 2, 2);
hist (cpk2, 30);
subplot (2, 2, 3);
hist (cpk3, 30);
subplot (2, 2, 4);
hist (cpk4, 30);
```

# 附录十　Beta 分布假设下均值和
标准差的最小二乘估计

alpha =

[0. 695652174　0. 222222222　0. 057971014　0. 024154589

0. 689320388　0. 242718447　0. 04368932　0. 024271845

0. 713567839　0. 175879397　0. 08040201　0. 030150754

0. 56768559　0. 305676856　0. 082969432　0. 043668122

0. 597156398　0. 28436019　0. 071090047　0. 047393365

0. 636363636　0. 267045455　0. 051136364　0. 045454545

0. 719047619　0. 133333333　0. 104761905　0. 042857143

0. 518367347　0. 175510204　0. 183673469　0. 12244898

0. 5　　　　　0. 387254902　0. 098039216　0. 014705882

0. 595652174　0. 27826087　0. 104347826　0. 02173913

0. 644736842　0. 25877193　0. 070175439　0. 026315789

0. 776595745　0. 159574468　0. 031914894　0. 031914894

0. 642857143　0. 242857143　0. 076190476　0. 038095238

0. 624161074　0. 275167785　0. 077181208　0. 023489933

```
        0. 71484375     0. 20703125     0. 04296875     0. 03515625
        0. 590517241    0. 280172414    0. 112068966    0. 017241379
        0. 627802691    0. 313901345    0. 044843049    0. 013452915
        0. 652173913    0. 231884058    0. 072463768    0. 043478261
        0. 589371981    0. 251207729    0. 111111111    0. 048309179
        0. 579787234    0. 223404255    0. 14893617     0. 04787234
        0. 760869565    0. 168478261    0. 048913043    0. 02173913
        0. 797546012    0. 134969325    0. 018404908    0. 049079755
        0. 724137931    0. 166666667    0. 063218391    0. 045977011
        0. 687022901    0. 175572519    0. 122137405    0. 015267176
        0. 588235294    0. 213235294    0. 139705882    0. 058823529
        0. 6359447      0. 253456221    0. 055299539    0. 055299539
        0. 657608696    0. 190217391    0. 097826087    0. 054347826
        0. 714285714    0. 178571429    0. 076530612    0. 030612245
        0. 814814815    0. 111111111    0. 066666667    0. 007407407
        0. 595744681    0. 196808511    0. 14893617     0. 058510638 ];
% 数据落在各个区间的实际频率
        ea = zeros（30，1）；% 储存 Beta 分布参数 a 的估计值
        eb = zeros（30，1）；% 储存 Beta 分布参数 b 的估计值
        for n = 1：30
            s = zeros（200，200）；
            for x = 1：200
                a = x/20；
                for y = 1：200
                    b = y/40；
                    s（x，y）=（betacdf（0.25，a，b）-
alpha（n，1））^2 +（betacdf（0.5，a，b）-
```

```
betacdf (0.25, a, b) - alpha (n, 2))^2 + (betacdf
(0.75, a, b) - betacdf (0.5, a, b) - alpha (n, 3))^
2 + (1 - betacdf (0.75, a, b) - alpha (n, 4))^2; %最
小二乘求和
            end
        end
        for x = 1: 200
            for y = 1: 200;
                if s (x, y) = = min (min (s, [ ], 1))
                    ea (n) = x/20;
                    eb (n) = y/40;
                end
            end
        end
    end
    mu = ea. * (ea + eb) .^ (-1); %均值的估计值
    sigma = (( (ea. * eb) .^ (0.5)). * (ea + eb) .^
(-1)). * (ea + eb + 1) .^ (-0.5); %标准差的估计值
```

图书在版编目（CIP）数据

基于模糊集距离的质量控制图设计/白莹著. 一北京：
社会科学文献出版社，2014.9
（管理科学与工程丛书）
ISBN 978 - 7 - 5097 - 6231 - 8

Ⅰ.①基…　Ⅱ.①白…　Ⅲ.①模糊集 - 应用 - 产品
质量 - 质量控制 - 研究　Ⅳ.①F273.2 - 39

中国版本图书馆 CIP 数据核字（2014）第 146804 号

·管理科学与工程丛书·
基于模糊集距离的质量控制图设计

著　　者／白　莹

出 版 人／谢寿光
项目统筹／恽　薇　冯咏梅
责任编辑／张景增

出　　版／社会科学文献出版社·经济与管理出版中心（010）59367226
　　　　　地址：北京市北三环中路甲 29 号院华龙大厦　邮编：100029
　　　　　网址：www. ssap. com. cn
发　　行／市场营销中心（010）59367081　59367090
　　　　　读者服务中心（010）59367028
印　　装／三河市尚艺印装有限公司

规　　格／开　本：787mm × 1092mm　1/20
　　　　　印　张：13.6　字　数：197 千字
版　　次／2014 年 9 月第 1 版　2014 年 9 月第 1 次印刷
书　　号／ISBN 978 - 7 - 5097 - 6231 - 8
定　　价／59.00 元